C言語で学ぶ
コンピュータ科学と
プログラミング

小高知宏［著］

近代科学社

◆ 読者の皆さまへ ◆

平素より，小社の出版物をご愛読くださいまして，まことに有り難うございます．

(株)近代科学社は1959年の創立以来，微力ながら出版の立場から科学・工学の発展に寄与すべく尽力してきております．それも，ひとえに皆さまの温かいご支援があってのものと存じ，ここに衷心より御礼申し上げます．

なお，小社では，全出版物に対してHCD（人間中心設計）のコンセプトに基づき，そのユーザビリティを追求しております．本書を通じまして何かお気づきの事柄がございましたら，ぜひ以下の「お問合せ先」までご一報くださいますよう，お願いいたします．

お問合せ先：reader@kindaikagaku.co.jp

なお，本書の制作には，以下が各プロセスに関与いたしました：

・企画：冨髙琢磨
・編集：冨髙琢磨
・組版：藤原印刷 (LATEX)
・印刷：藤原印刷
・製本：藤原印刷 (PUR)
・資材管理：藤原印刷
・カバー・表紙デザイン：藤原印刷
・広報宣伝・営業：山口幸治，西村知也

まえがき

コンピュータは，現代社会で暮らすすべての人たちにとって，欠かすことのできない道具です．特に工学分野では，さまざまな場面でコンピュータが重要なツールとして活躍しています．コンピュータの本質を理解することは，現代の工学技術者にとって極めて重要な素養の一つです．

本書は，コンピュータの本質である「手続き的処理」の理解を目標として，具体的な例題を通してプログラミングの基礎を学ぶための演習書です．読者として，特に工学系分野の学生および初学者を念頭においています．このため本書では，工学のさまざまな分野で素養として要求されるコンピュータ科学とプログラミングの基礎知識を，演習を通して無理なく習得できるよう構成しました．

演習とその解答について，本書ではC言語によるプログラム例を示しました．C言語は現在最も広く用いられているプログラミング言語であるとともに，同じく広く用いられているC++言語やJava言語の基礎となるプログラミング言語でもあります．こうしたことを考慮して，本書ではC言語を対象として取り上げました．すべての演習問題に対する解答または略解を巻末に示しました．

本書は，既刊『コンピュータ科学とプログラミング入門 コンピュータとアルゴリズムの基礎』の姉妹書です．本書を独立した教科書として利用することもできますが,『コンピュータ科学とプログラミング入門 コンピュータとアルゴリズムの基礎』を一通り学習した後に，本書で理解を定着させるという勉強方法も効果的です．

本書の実現にあたっては，著者の所属する福井大学での教育研究活動を通じて得た経験が極めて重要でした．この機会を与えてくださった福井大学の教職員と学生の皆様に感謝いたします．また，本書実現の機会を与えてくださった近代科学社の皆様にも改めて感謝いたします．最後に，執筆を支えてくれた家族（洋子，研太郎，桃子，優）にも感謝したいと思います．

2017年1月
著者

目 次

第1章　コンピュータとは

[この章のねらい]

　本章では，コンピュータとは何をする機械なのか，また，プログラムとは何なのかを確認します．また，プログラミングの具体的手続きと，プログラム実行の方法を説明します．

[この章で学ぶ項目]

コンピュータの構成と動作
　コンピュータの構成
　手続処理とは
　手続処理の記述
プログラムの作成と実行
　プログラミング言語の役割
　コンパイルと実行

1.1　コンピュータの構成と動作

基本事項のまとめ

① コンピュータの基本的構造図 1.1 に示す．コンピュータは，演算や制御を行う**中央処理装置 (CPU)**, プログラムやデータを記録する**記憶装置（メモリやディスク装置）**[1]，コンピュータ外部とデータをやり取りするための**入出力装置 (I/O)** から構成される．

[1] メモリは主記憶装置とも呼ばれ，CPU が直接的にデータをやり取りする対象である．これに対し，ディスク装置は補助記憶装置の一種である．

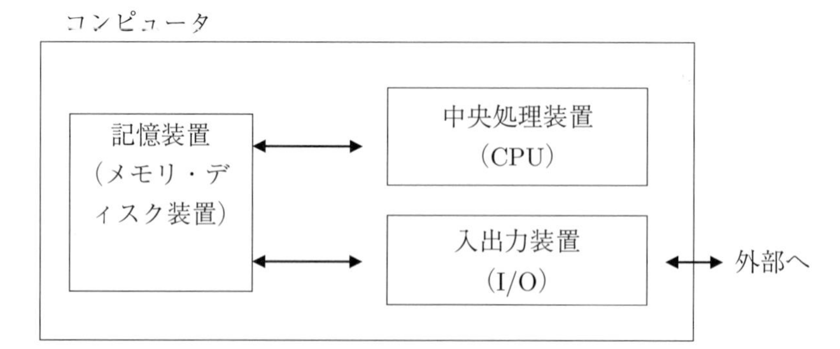

図 **1.1**　コンピュータの構成

② コンピュータは，メモリ上に置かれた**機械語命令**に従って CPU が一つずつ処理を実行する装置である（図 1.2）．機械語命令には，四則演算などの演算命令やデータ移動命令，あるいはコンピュータの動作を制御するための命令などがある．一般に，一つの機械語命令でできることはごく単純

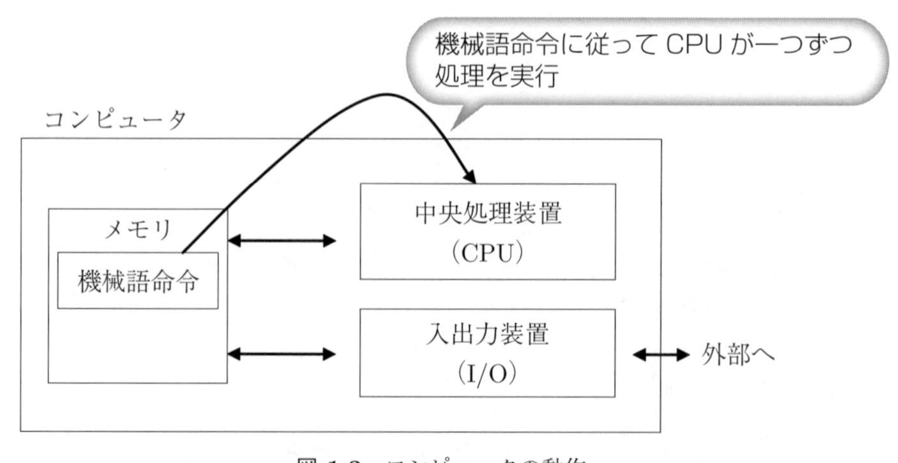

図 **1.2**　コンピュータの動作
メモリ上に置かれた機械語命令に従って CPU が一つずつ処理を実行する

な処理に限られている．

CPU はメモリから機械語命令を取り出して解釈・実行する．今日の一般的な CPU では，1 秒間に数十億の命令を実行することが可能である．このため，大量の機械語命令の組み合わせを高速に実行することで，複雑な処理を行うことができる．

CPU が解釈実行できる機械語命令は 2 進数の数値であり，CPU の種類ごとに意味が異なっている．メモリ上の機械語命令は単なる 2 進数であり，表現形式上は機械語命令とデータの区別は存在しない．

③ コンピュータのプログラムは，機械語命令の集まりである．機械語命令は 2 進数の数値であり人間にとって理解しづらい．そこで，機械語プログラムよりも理解の容易な**プログラミング言語**を用いてプログラムを作成するのが一般的である．プログラミング言語で記述したプログラムは，機械語命令に変換してからコンピュータに実行させる．この変換操作を**コンパイル**[2] と呼び，変換を担当するプログラムを**コンパイラ**と呼ぶ．また，プログラミング言語で記述したプログラムを**ソースコード**と呼ぶ（図 1.3）．

[2] コンパイラ (compiler) とは，本来，「（人間の）編集者」を意味する英単語である．

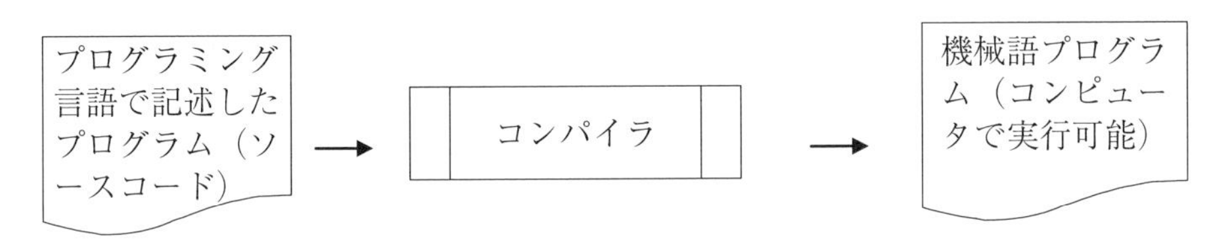

図 1.3　コンパイル
プログラミング言語で記述したプログラムから機械語プログラムへの変換

1.2　プログラムの作成と実行

基本事項のまとめ

① プログラミング言語にはさまざまな種類がある．例えば **C 言語**，**C++ 言語**，**Java 言語**[3] などはその例である．どのプログラミング言語を用いるかは，作成するプログラムの種類や用途に合わせて決められるのが普通である．

プログラミング言語で記述されたソースコードのコンパイル方法や，機械語プログラムの実行方法は，利用するプログラミング言語や実行環境ごとにそれぞれ異なる．コンパイル方法の例としては，**エディタ**を用いてソースコードを記述し，**コンパイラ**を用いてコンパイルする方法がある．また，**統合開発環境**[4] と呼ばれる統合的なソフトウェアを用いて，ソースコー

[3] 以降，本書では主として C 言語を取り扱う．ただし終章となる第 15 章では，C++ 言語および Java 言語についても取り上げ，それらの特徴を説明する．

[4] 広く用いられている統合開発環境として，Microsoft 社の VisualStudio が有名である．

ドの記述やコンパイルを一つのソフトウェアを用いて行う方法もある．

② エディタとコンパイラを用いて機械語プログラムを生成する方法では，まずエディタを用いてプログラミング言語の文法に従ったプログラムであるソースコードを作成する．次に，ソースコードをコンパイラに入力して機械語に変換する．生成した機械語プログラムは，コンピュータによって直接実行することができる．

ソースコードをコンパイルする手順の実行例を図1.4に示す．図1.4では，viという名称のエディタを用いてprog1.cという名称のソースコードを記述している．次に，gccというC言語のコンパイラを用いて，ソースコードから機械語プログラムprog1を生成している．その後，機械語プログラムprog1を実行し，プログラムからの出力を得ている．

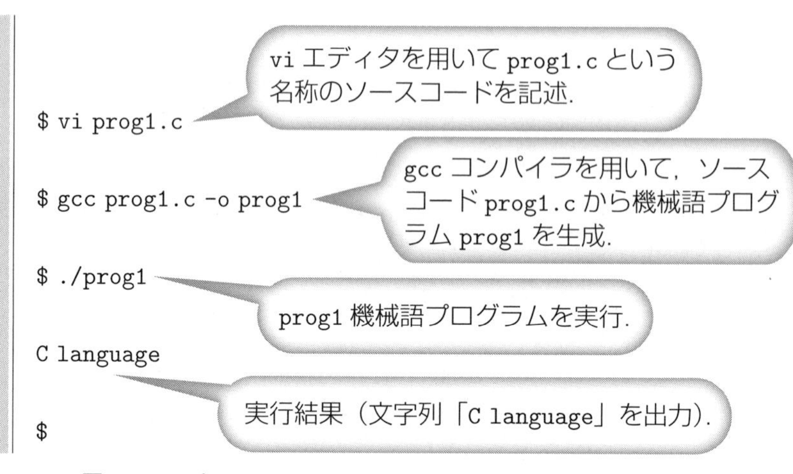

図 1.4　vi と gcc によるプログラミング作業の実行例

③ 統合開発環境を用いてプログラムを作成する場合には，ソースコードの作成やコンパイル，および機械語プログラムの実行はすべて開発環境の内部で行えるのが普通である．統合開発環境を用いてプログラムを作成する場合の画面例を図1.5に示す．

図 1.5 統合開発環境 (Geany) によるプログラミング作業の画面例

演習問題 1

① それぞれの環境において利用可能なコンパイラやエディタについて調査し，ソースコードの記述や保存，コンパイルの方法を確かめよ．また，図1.6に示すC言語プログラムのソースコードを入力し，コンパイルして機械語プログラムを生成し，機械語プログラムを実行してみよ．なお，プログラムの詳細については次章で説明する．

```
#include <stdio.h>
int main()
{
  printf("C language¥n") ;
}
```

図 1.6　C言語プログラムの例 (prog1.c)

[1章のまとめ]

① コンピュータは，中央処理装置 (CPU)，記憶装置，および入出力装置から構成される．
② コンピュータは，メモリ上に置かれた機械語命令に従ってCPUが一つずつ処理を実行する装置である．機械語命令には，四則演算などの演算命令やデータ移動命令，あるいはコンピュータの動作を制御するための命令などがある．
③ コンピュータの機械語プログラムは，2進数の数値の集まりであり人間にとって理解しづらい．そこで，機械語プログラムより理解の容易なプログラミング言語を用いてプログラムを作成するのが一般的である．
④ プログラミング言語で記述したプログラムは，機械語命令に変換してからコンピュータに実行させる．この変換操作をコンパイルと呼び，変換を担当するプログラムをコンパイラと呼ぶ．

第2章　手続き的処理(1) 順接処理

[この章のねらい]

本章では，C言語を利用したプログラム作成の第一歩として，順番に一つずつ処理を行うようなプログラムの記述方法について扱います．具体的には，ディスプレイへの情報の出力や，キーボードからのデータ入力，あるいはデータの一時的保存等の方法を示します．

[この章で学ぶ項目]

出力
入力と代入

2.1　出力

基本事項のまとめ

① C 言語では，**関数**を単位としてプログラムを構成する．最も簡単なプログラムは，**main()** 関数一つからなるプログラムである（図 2.1）．

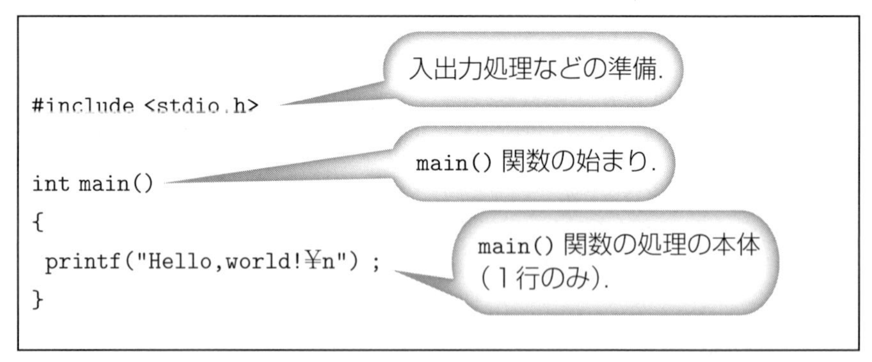

(1) hello.c プログラムのソースコード

```
Hello,world!
```

(2) 実行結果

図 **2.1**　hello.c プログラム C 言語による最も簡単なプログラムの例

② ディスプレイへの情報の出力 [5] には **printf()** 関数を用いる．printf() 関数を用いると，文字の出力や計算結果の出力などが簡単に行える（図 2.2）．

図 2.2 では，最初の printf() 関数によって，ダブルクオート “ ” で囲んだ文字列を出力している．この際，¥n は改行を意味する [6]．2 番目の printt() 関数の呼び出しでは，数式の計算結果を出力している．ここで，%d は計算結果の整数値を出力する場所を示す記号である．なお，%d という記号の詳しい説明については 6 章で扱う．

[5] 厳密に言うと，printf() 関数を用いると，ディスプレイに限らずファイル等にも情報を出力することも可能である．このことについては，第 12 章で扱う．

[6] **¥n** は，日本語環境において用いられる記号である．

```
#include <stdio.h>

int main()

{

 printf("Calclation¥n") ;

 printf("%d¥n",5*13+20/2) ;

}
```

ダブルクオート "" で囲んだ文字列を出力（¥n は改行を意味する）.

%d の位置に、カンマの後に記述した数式の計算結果（整数値）を出力.

(1) ソースコード

```
Calclation

75
```

「printf("Calclation¥n") ;」に対応.

「printf("%d¥n",5*13+20/2) ;」に対応.

(2) 実行結果

図 2.2 calc.c プログラム printf() 関数による，文字と計算結果の出力

例題 2.1

次のように 3 行のメッセージを出力するプログラム print3.c を作成せよ.

```
1 行目
2 行目
3 行目
```

図 2.3 3 行のメッセージを出力するプログラム print3.c の実行例

☞ 解答と解説

3 行のメッセージを出力するためには，先に示した hello.c プログラムを拡張すればよい. 図 2.4 に，printf() 関数を 3 回呼び出すように拡張したプログラムである print3.c プログラムのソースコードを示す.

```
#include <stdio.h>
int main()
{
 printf("1 行目 ¥n") ;
 printf("2 行目 ¥n") ;
 printf("3 行目 ¥n") ;
}
```

図 **2.4**　print3.c の実装例
(1) 3 つの printf() 関数を用いた実装

3 行のメッセージを出力する別の方法として，printf() 関数を 1 回だけ呼び出して，出力する文字列中に 3 行分の改行記号 ¥n を繰りこむ方法がある．図 2.5 に，この方法で記述したプログラムの例を示す．

```
#include <stdio.h>
int main()
{
 printf("1 行目 ¥n2 行目 ¥n3 行目 ¥n") ;
}
```

図 **2.5**　print3.c の実装例
(2) print32.c プログラム　一つの printf() 関数だけを用いた実装

演習問題 2.1

① 次の print33.c プログラムを実行すると，どのような出力結果を得られるか．出力結果を示せ．

```
#include <stdio.h>
int main()
{
 printf("abc¥ndefnghi¥n") ;
}
```

図 **2.6**　print33.c プログラム

② 次のプログラムの「空欄 A」および「空欄 B」を埋めて，実行結果のような出力を得るプログラム calc2.c を完成させよ．

```
#include <stdio.h>
int main()
{
 printf(「空欄 A」) ;
 printf(「空欄 B」,7*13+20/2,28/7) ;
}
```

(1) ソースコード

```
Calclation
101 4
```

(2) 実行結果

図 **2.7** calc2.c プログラム

③ 次のプログラムには，バグ（プログラムのミス）が含まれているため，コンパイルすることができない[7]．修正点を指摘せよ．

[7] コンパイラがバグを検出してエラーとして扱うため，コンパイルすることができない．この際一般に，何がエラーの原因であったかをコンパイラが表示する．この表示をエラーメッセージと呼ぶ．エラーメッセージはバグを解消するための手段として有用である．

```
#include <stdio.h>
int main()
{
 printf("Hello,world!¥n") ;
 printf("Hello,world!") ;
 printf("Hello,world!¥n")
}
```

図 **2.8** hello2bug.c プログラム

2.2 入力と代入

基本事項のまとめ

① **変数**は，プログラムで用いるデータを保存するために用いる仕組みである．変数を利用するためには，あらかじめ変数を**定義**しなければならない．例えば int 型の変数 var を定義するには，次のように記述する．

```
int var ;
```

変数に値を保存することを**代入**[8]と呼ぶ．変数の値を参照するには，式の中に変数名を記述する．変数の定義および利用方法の例を図 2.3 に示す．

[8] C 言語では代入の操作を指示する記号は ＝（等号）である．等号を使うにも関わらず，代入とは値を書き込む操作であって，等しいという意味ではない点に注意せよ．

```
#include <stdio.h>


int main()
{
  int var ;
  var=10 ;
  printf("var=%d¥n",var) ;
  printf("var*10=%d¥nvar*20=%d¥n",var*10,var*20) ;
}
```

int 型（整数型）の変数 var の定義.

var に 10 を代入.

printf() 関数を用いて，変数 var に格納した値の 10 倍および 20 倍の値を計算し出力.

(1) ソースコード

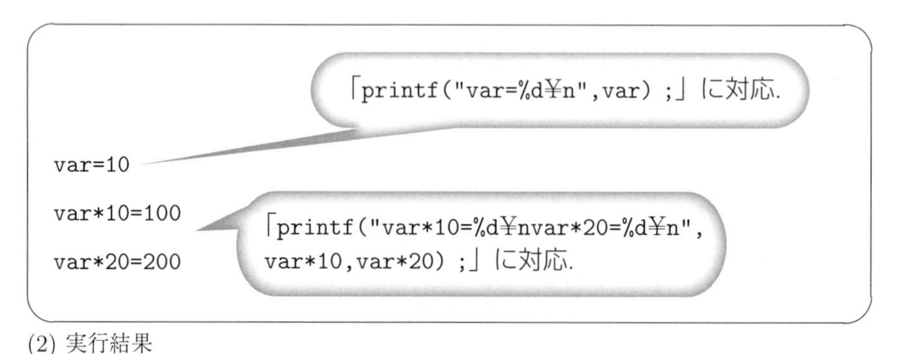

「printf("var=%d¥n",var) ;」に対応.
var=10
var*10=100
var*20=200
「printf("var*10=%d¥nvar*20=%d¥n",
var*10,var*20) ;」に対応.

(2) 実行結果

図 **2.9**　変数の利用 var.c

② scanf() 関数[9] を用いると，キーボード等からデータを読み込むことができる．scanf() 関数では，はじめに読み取るデータ型を指定し，次に読み込んだデータを格納する変数を指定する．変数名には**&**記号を前置する（図 2.10）．なお，&記号の意味については第 9 章で詳しく説明する．

```
scanf("%d",&num) ;
```

読み取るデータ型の指定（%d は int 型に対応）.

読み込んだデータを格納する変数の指定（&記号を前置）.

図 **2.10**　scanf() 関数の利用方法

9) VisualStudio 統合開発環境を用いてプログラムを作成する場合，scanf() 関数を利用するプログラムでは，プログラムの先頭（**#include <stdio.h>** より前）に以下の記述が必要である．

```
#define _CRT_SECURE_NO_WARNINGS
```

この記述がないと，VisualStudio のコンパイラは scanf() 関数の利用自体をエラーとして取り扱う．

図 2.11 のプログラムでは，キーボードから数値を読み込んでその値を変数に格納している．その後適当な計算を施して，printf() 関数を用いて結果を出力している．

```
#include <stdio.h>


int main()
{
  int num ;

  scanf("%d",&num) ;
  printf("num*100=%d¥n",num*100) ;
}
```

int 型（整数型）の変数 num の定義．

scanf() 関数による値の読み込み．

printf() 関数を用いた出力．

(1) ソースコード

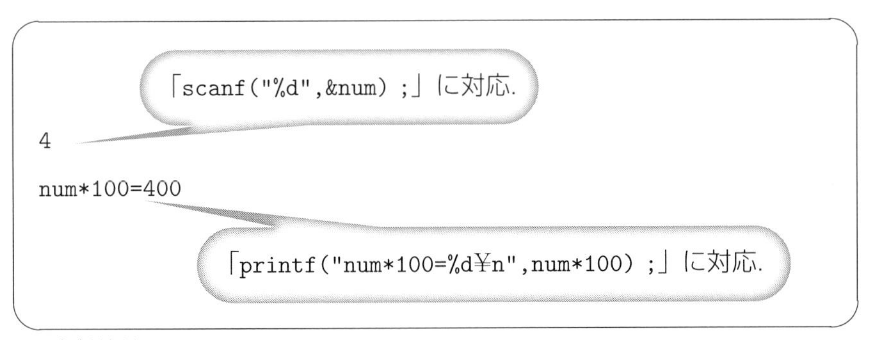

「scanf("%d",&num) ;」に対応.
4
num*100=400
「printf("num*100=%d¥n",num*100) ;」に対応.

(2) 実行結果

図 2.11 scanf() 関数による入力の例 cal100.c

例題 2.2
2つの数値をキーボードから読み込み，両者を加え合わせた結果を出力するプログラム add.c を示せ（図 2.12）.

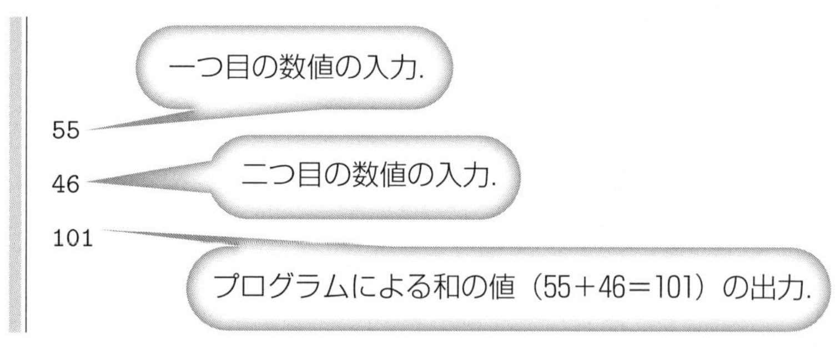

図 2.12　add.c プログラムの実行例

☞ 解答と解説

add.c プログラムは，先に示した cal.c プログラムを拡張することで構成できる．具体的には，二つの変数を定義した後，scanf() 関数を2回使ってそれぞれの変数に数値を読み込み，printf() 関数を使って両者の和の値を出力すればよい．図 2.13 に add.c プログラムのソースコードを示す.

```
#include <stdio.h>

int main()
{
 int a,b ;

 scanf("%d",&a) ;
 scanf("%d",&b) ;
 printf("%d¥n",a+b) ;
}
```

図 2.13　add.c プログラムのソースコード

演習問題 2.2

① 三つの数値を読み込んで，その和を出力する add3.c プログラムを示せ（図 2.14）．

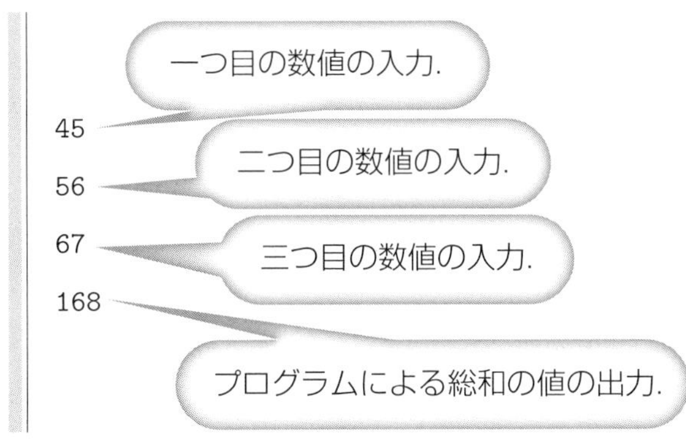

図 **2.14**　add3.c プログラムの実行例

② 図 2.15(1) のプログラムの「空欄 A」および「空欄 B」を埋めて，実行結果のような出力を得るプログラム cal200.c を完成させよ．

```
#include <stdio.h>

int main()
{
 int inputdata ;

 scanf("%d",「空欄 A」) ;
 printf("inputdata*200=%d¥n",「空欄 B」) ;
}
```

(1) ソースコード

```
30
inputdata*200=6000
```

(2) 実行結果

図 **2.15**　cal200.c プログラム

③ 図2.16のプログラムには，バグ（プログラムのミス）が含まれている．修正点を指摘せよ．

```
#include <stdio.h>

int main()
{
 int a ;

 scanf("%d",&a) ;
 scanf("%d",&b) ;
 printf("%d¥n",a*b) ;
}
```

図 2.16　multbug.c プログラム（バグが含まれている）

[2章のまとめ]

① C言語では，関数を単位としてプログラムを構成する．
② ディスプレイへの情報の出力には printf() 関数を用いる．
③ 変数は，プログラムで用いるデータを保存するために用いる仕組みである．変数を利用するためには，あらかじめ変数を定義しなければならない．
④ scanf() 関数を用いると，キーボードからデータを読み込むことができる．

第3章　手続き的処理(2)
条件判定と繰り返し処理

[この章のねらい]

　本章では，条件判定と繰り返し処理を記述する方法を説明します．ここでは，条件判定には if 文を用い，繰り返し処理には for 文を用います．

[この章で学ぶ項目]

条件分岐
決められた回数の繰り返し

3.1　条件分岐

基本事項のまとめ

① 変数や式の値を調べるには **if 文**を用いる．if 文では，式で条件を指定し，条件が成立した場合のみ直後の文を実行する．条件が成立しなければ，直後の文は実行されない[10]．図 3.1 の例では，もし変数 data に格納された値が 0 より大きければ Plus!と出力するが，0 未満であれば出力されない．

[10] 直後の行は実行されずに無視されて，その次の行の処理に進む．

```
if (data>0)
  printf("Plus!¥n") ;
```

もし変数 data に格納された値が0より大きければ．

Plus! と出力（条件が成立した場合にのみ実行され，条件が成立しない場合には実行されない）．

図 3.1　if 文の記述方法

条件の指定には，比較の記号を含む式を用いる（表 3.1）．

表 3.1　比較の記号

記号	記述例	記述例の意味
>	a>0	a が 0 より大きい
<	a<0	a が 0 より小さい
==	a==0	a は 0 と等しい
>= [11]	b>=10	b は 10 以上
<=	b<=10	b は 10 以下

[11] これらの記号は並べる順番が決まっており，逆順に並べた「=>」および「=<」はエラーとなる．

② if 文に続いて **else 文**[12] を記述すると，条件が成立した場合と，成立しなかった場合の 2 通りで，実行する文を切り替えることができる．図 3.2 の例では，もし変数 data に格納された値が 0 より小さければ Minus!と出力し，そうでなければ Not minus!と出力する．

[12] else 文は，必ず if 文と組み合わせて利用する．

③ if や else の直後には，一つの文のみを置くことができる．複数の文を記述したい場合には，複数の文をカッコ {} でくくってひとまとめ[13] の文とすればよい（図 3.3）．

[13] カッコ {} を使って複数の文を一つの文として扱う方法は，if 文に限らず，後述する for 文や while 文などさまざまな構文で利用される．

④ 三つ以上の場合分けが必要な場合には，**if〜else if〜else** という構文を用いる．例えば図 3.4 では，条件に応じてア〜エの四つの場合に分けて文を実行させることができる．

```
if (data<0)
  printf("Minus!¥n") ;
else
  printf("Not minus!¥n") ;
```

もし変数 data に格納された値が 0 より小さければ.
条件が成立した場合に実行.
条件が成立しなかった場合に実行.

図 **3.2**　if～else 文の使い方

```
if (data<0)
{
  printf("Minus!¥n") ;
  printf("(0 未満 )¥n") ;
  printf("(0 は含みません )¥n") ;
}
else
{
  printf("Not minus!¥n") ;
  printf("(0 以上 )¥n") ;
}
```

この 3 行は，条件が成立した場合に実行.
この 2 行は，条件が成立しなかった場合に実行.

図 **3.3**　if～else 文で，複数の文を記述した例

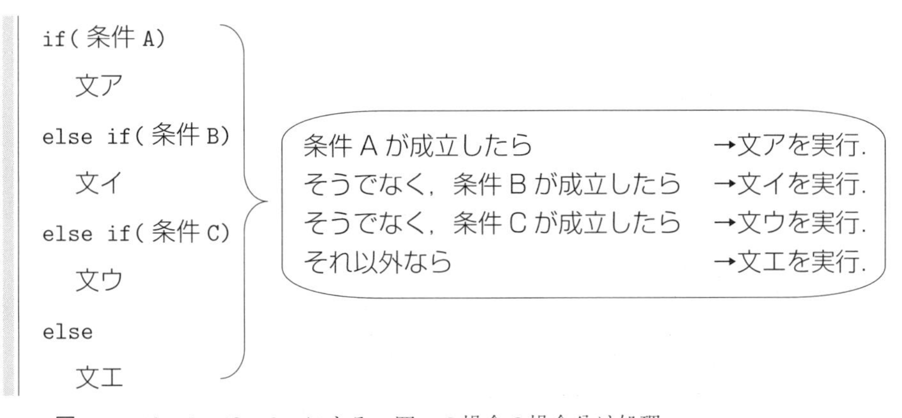

if(条件 A)
文ア
else if(条件 B)
文イ
else if(条件 C)
文ウ
else
文エ
条件 A が成立したら →文アを実行.
そうでなく，条件 B が成立したら →文イを実行.
そうでなく，条件 C が成立したら →文ウを実行.
それ以外なら →文エを実行.

図 **3.4**　if～else if～else による，四つの場合の場合分け処理

例題 3.1

キーボードから数値を読み込み，正なら Plus!，0 なら Zero!，負なら Minus!と出力する if3.c を作成せよ.

```
3
Plus!
```
(1) 正なら Plus!と出力

```
0
Zero!
```
(2) 0 なら Zero!と出力

```
-2
Minus!
```
(3) 負なら Minus!と出力

図 3.5　三つの場合を区別する条件判定プログラム if3.c の実行例（下線部はキーボードからの入力）

☞ 解答と解説

三つの場合を区別するためには，次のように if〜else if の連鎖を用いる

```
if(条件 A)
 文ア
else if(条件 B)
 文イ
else
 文ウ
```

この方法で記述した例を図 3.6 に示す.

```
/* if3.c プログラム */

#include <stdio.h>

int main()
{
 int data ;                    /*入力値を格納*/

 scanf("%d",&data) ;           /*整数値を読み込む*/
 if(data>0)                    /*もし読み込んだ値が正なら*/
  printf("Plus!¥n") ;          /*Plus!と出力*/
 else if(data<0)               /*負なら*/
  printf("Minus!¥n") ;         /*Minus!と出力*/
 else                          /*そうでなければ*/
  printf("Zero!¥n") ;          /*Zero!と出力*/
}
```

図 3.6　if3.c プログラム

なお，if3.c プログラムには**コメント**が含まれている．コメントは，プログ

ラムの説明を自由に記述するための記法であり，コンパイラはコメントを無視する．コメントは,「/*」で始まり「*/」で終わり，ソースコードの空白部分に自由に記入することができる．コメントを適切に挿入すると，プログラムの読みやすさを向上させることができる [14)]．

14) このため，コメントは十分かつ丁寧に記述すべきである．

演習問題 3.1

① 次の if2.c プログラムを実行して図のように入力を与えると，どのような出力結果を得られるか．それぞれの出力結果を示せ．ただし，出力結果は1行とは限らない点に注意せよ．

```
/* if2.c プログラム */

#include <stdio.h>

int main()
{
 int data ;                          /*入力値を格納*/

 scanf("%d",&data) ;
 if(data>0)
  printf("Case 1¥n") ;
 else if(data<0)
  printf("Case 2¥n") ;
 printf("End of program¥n") ;
}
```

(1) if2.c プログラムのソースコード

```
0
End of program

2
「出力結果 A」

-4
「出力結果 B」
```

(2) 実行例（下線部はキーボードからの入力）

図 **3.7** if2.c プログラム

② 整数を一つ読み込み，0 より大きい値の場合にはその 2 乗の値を出力し，0 以下の場合には 0 を出力するプログラム ps.c を作成せよ．

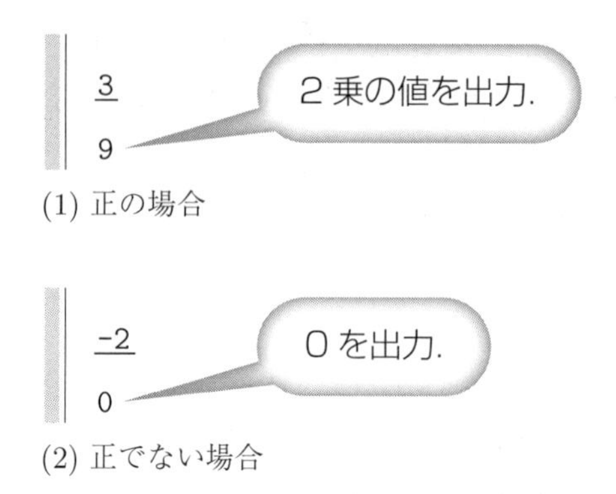

図 **3.8**　ps.c プログラムの動作例（下線部はキーボードからの入力）

③ 次のプログラム ifbug.c プログラムは，入力値が 0 以上なら “Zero or Plus.” と出力し，それ以外の場合には “Minus.” と出力することを意識して作成したプログラムである．しかし，このプログラムをコンパイルするとコンパイルエラーが検出される．ifbug.c プログラムのミス（バグ）を 1 箇所だけ指摘し，修正方法を示せ．

```
/* ifbug.c プログラム */

#include <stdio.h>

int main()
{
 int data ;                         /*入力値を格納*/

 scanf("%d",&data) ;
 if(data=>0)
  printf("Zero or Plus.¥n") ;
 else
  printf("Minus.¥n") ;
}
```

図 **3.9**　ifbug.c プログラム

3.2　決められた回数の繰り返し

基本事項のまとめ

① 繰り返し処理の記述には **for 文**を用いる [15]．for 文では，繰り返し処理の開始前に行う初期化処理，繰り返しを行うかどうかを決める条件判定，および毎回の処理の後に行う更新処理の三つの処理をコンパクトに記述する

15) 実際には，C 言語には繰り返し処理について複数の記述方法がある．for 文はその代表例である．

ことができる．for 文による繰り返し処理の記述例を図 3.10 に示す．

繰り返し処理の開始前に行う初期化処理（i に 1（行）を代入）．

繰り返しを行うかどうかを決める条件判定（i が 5 未満かどうかの判定）．

```
for(i=1;i<5;++i)
  printf("%d¥n",i) ;
```

毎回の処理の後に行う更新処理（i を 1（行）増やす）．

(1) 記述例

```
1
2
3
4
```

(2) 実行結果

図 3.10　for 文による繰り返し処理の記述

フローチャートによる for 文の記述の意味の説明を図 3.11 に示す．図にあるように，繰り返しの初期化や条件判定，更新処理はそれぞれ，繰り返し開始前の処理，繰り返し本体を実行する前の判定，繰り返しの本体実行後に行う処理に対応している．

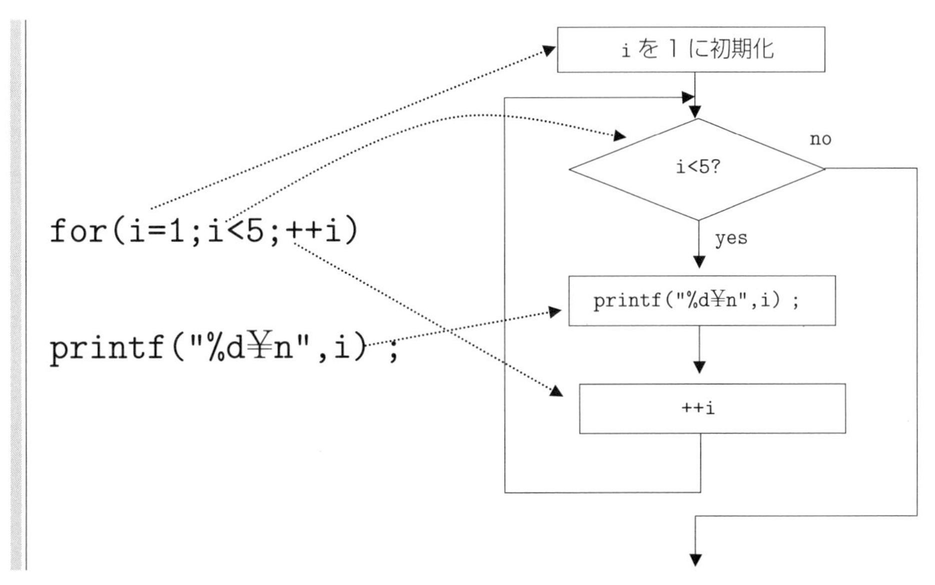

図 3.11　フローチャートによる for 文の記述の意味の説明

② for 文における繰り返し処理の本体部分は，単一の文である．複数の文を繰り返し処理の本体としたい場合には，複数の文を中かっこでまとめて一つの文にまとめればよい（図 3.12）．

```
for(i=1;i<5;++i){
 printf("    iの値：") ;
 printf("%d¥n",i) ;
}
```

複数の文を繰り返し処理の本体としたい場合には，複数の文をカッコ {} でまとめる．

(1) 記述例

```
iの値：1
iの値：2
iの値：3
iの値：4
```

繰り返しのつど，2 つの printf() 関数が呼び出される

(2) 実行結果

図 **3.12** for 文による繰り返し処理の記述

例題 3.2

次のように 3 から 9 までの整数を出力する print3to9.c プログラムを示せ．

```
3
4
5
6
7
8
9
```

図 **3.13** print3to9.c プログラムの実行結果

☞ 解答と解説

for 文を利用して，図 3.14 のように記述すればよい．この例のように，初期値や条件判定の式は柔軟な記述が可能である．

```
/* print3to9.c プログラム */
/* 3 から 9 までの整数を出力します*/
#include <stdio.h>

int main()
{
 int i;                          /*繰り返し回数を数えるカウンタ*/

 for(i=3;i<=9;++i)               /*3 から 9 まで繰り返す*/
  printf("%d¥n",i) ;

}
```

図 **3.14** print3to9.c プログラムのソースコード

演習問題 3.2

① 5 から 1 までの整数を順に出力する print5to1.c プログラムを示せ．ただし，変数の値を 1 減らすデクリメント演算には，--演算子を利用して次のような記述を用いることができる．

例 変数 i の値を 1 減らす（デクリメント）--i

② 図 3.15 に示した print.c プログラムの実行結果を示せ．

```
/* print.c プログラム */
#include <stdio.h>

int main()
{
 int i;                          /*繰り返し回数を数えるカウンタ*/

 for(i=1;i<=5;++i)
  printf("%d¥n",i) ;
 printf("%d¥n",i) ;

}
```

図 **3.15** print.c プログラム

③ 次のプログラムを実行するとどのような出力が得られるか．またなぜそうなるのかを説明せよ．

```
/* printbug.c プログラム */
#include <stdio.h>

int main()
{
 int i;                              /*繰り返し回数を数えるカウンタ*/

 for(i=1;i<=5;--i)
  printf("%d¥n",i) ;

}
```

図 **3.16**　printbug.c プログラム

[3章のまとめ]

① 変数や式の値を調べるには if 文を用いる．if 文では，式で条件を指定し，条件が成立した場合のみ直後の文を実行する．条件が成立しなければ，直後の文は実行されない．

② if 文に続いて else 文を記述すると，条件が成立した場合と，成立しなかった場合の二通りで，実行する文を切り替えることができる．

③ 三つ以上の場合分けが必要な場合には，if〜else if〜else という構文を用いる．

④ 繰り返し処理の記述には for 文を用いる．for 文では，繰り返し処理の開始前に行う初期化処理，繰り返しを行うかどうかを決める条件判定，および毎回の処理の後に行う更新処理の三つの処理をコンパイクトに記述することができる．

⑤ if や else,for 等の直後には，一つの文のみを置くことができる．複数の文を記述したい場合には，複数の文をカッコ {} でくくってひとまとめの文とすればよい．

第4章　手続き的処理(3)
さまざまな繰り返し処理

[この章のねらい]

本章では，あらかじめ回数を決めるのではなく，ある条件が満たされるまで繰り返すような繰り返し処理を紹介します．また，繰り返しの中に繰り返しを繰り込んだ，多重の繰り返し処理の例も示します．

[この章で学ぶ項目]

条件に基づく繰り返し
多重の繰り返し

4.1　条件に基づく繰り返し

基本事項のまとめ

① while 文

while 文は，繰り返し処理を記述するための仕組みである．図 4.1 に while 文の記述例を示す．

```
int i                          /* 繰り返しを制御する変数 */

i=1 ;                          /*1 に初期化 */

while(i<=5){                   /*i が 5 以下の場合繰り返す */
  printf("i の値：%d¥n",i) ;
  ++i ;                        /*i の更新 */
}
```

for 文と異なり，while 文では繰り返しの条件判定のみをカッコ内に記述する

(1) while 文の記述例

```
i の値：1
i の値：2
i の値：3
i の値：4
i の値：5
```

(2) 実行結果

図 4.1　while 文の記述例

② while 文と for 文

図 4.2 に while 文の意味の説明を示す．while 文は for 文と同等の記述力があり，どちらの文を使っても同じ意味の繰り返し処理を記述することができる [16]．

[16] for 文と while 文のどちらを使うかは，プログラムの読みやすさ等を考慮して決めればよい．

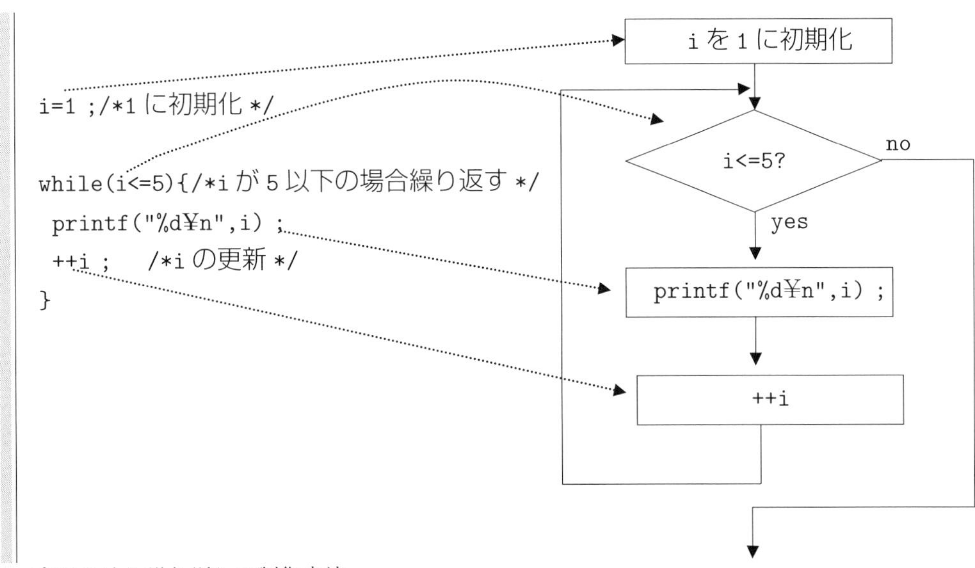

(1) while 文における繰り返しの制御方法

```
for(i=1;i<=5;++i){            /*i が 5 以下の場合繰り返す*/
 printf("%d¥n",i) ;
}
```

(2) 上記 (1) を for 文で記述した例

図 **4.2** while 文の意味の説明

例題 4.1

整数を 1 から順に 2 乗して加えていき，100 を超えるまで和の値を出力するプログラム ss.c を作成せよ．

```
1 までの和:1
2 までの和:5
3 までの和:14
4 までの和:30
5 までの和:55
6 までの和:91
7 までの和:139

100 を超えたら出力終了
```

図 **4.3** ss.c プログラムの実行結果

☞ 解答と解説

2 乗の和を求めるには，積算値を保存する変数 sum を用意し，sum に 2 乗の値を順次加えてゆく．sum の値が 100 を超えたら繰り返しを終了すればよい．処理の概略は以下のとおりである．

(1)変数の初期化
整数を表す変数 n と，積算値（和）を格納する変数 sum を定義し，それぞれ初期化する．
(2)以下を，sum の値が 100 を超えるまで繰り返す．
(2-1) n を 1 増やす
(2-2) sum に n の 2 乗値を加える
(2-3) n と sum の値を出力

上記に従って作成した ss.c プログラムのソースコードを図 4.4 に示す．

```
/* ss.c プログラム                 */
/* 1 から順番に 2 乗の和を求めます*/
/* 和が 100 を超えたら終了します  */

#include <stdio.h>

int main()
{
 int n;                         /*整数*/
 int sum;                       /*和の値*/

 /*変数の初期化*/
 n=0 ;
 sum=0 ;

 /* 1 から順番に 2 乗の和を求める*/
 while(sum<100){                /*100 未満の間繰り返す*/
  ++ n ;
  sum=sum+n*n ;                 /*sum の値に n*n を加える*/
  printf("%d までの和:%d¥n",n,sum) ;
 }
}
```

図 4.4 ss.c プログラムのソースコード

演習問題 4.1

① 図 4.5 に示す while1.c プログラムを，for 文を使って書き改めよ．ただし，実行結果は同一となるように注意せよ．

```
/* while1.c プログラム                    */
/* 関数 f(x)=x*x+x+1 について,             */
/* x が正の整数の場合について計算します */
/* f(x) が 100 を超えたら終了します        */

#include <stdio.h>

int main()
{
 int x;

 x=1 ;                              /*x を 1 に初期化*/
 while(x*x+x+1<100){                /*100 以下の間繰り返す*/
  printf("f(%d)=%d¥n",x,x*x+x+1) ;
  ++ x ;
 }
}
```

(1) ソースコード

```
f(1)=3
f(2)=7
f(3)=13
f(4)=21
f(5)=31
f(6)=43
f(7)=57
f(8)=73
f(9)=91
```

(2) 実行結果

図 **4.5**　while1.c プログラム

② 図 4.6 に示すように，1 から 5 までの整数の 2 乗および 3 乗の値を出力するプログラム print23.c を作成せよ．

```
i i*i i*i*i
1 1 1
2 4 8
3 9 27
4 16 64
5 25 125
```

図 **4.6**　print23.c プログラムの実行結果

③ 1からnまでの整数の和が100を超えるまで計算を続けるプログラムが必要になったので，図4.7に示すプログラムsbug.cを作成した．これについて以下の問に答えよ．
問1 このプログラムを実行すると，出力結果はどのようになるか．
問2 本来の動作をさせるためには，プログラムをどのように修正すべきか．

```
/* sbug.c プログラム                    */
/* 1 から順番に和の値を求めます       */
/* 和が 100 を超えたら終了します       */
/*このプログラムには誤りがあります*/

#include <stdio.h>

int main()
{
 int n;                      /*整数*/
 int sum;                    /*和の値*/

 /*変数の初期化*/
 n=1 ;
 sum=1 ;                     /*n=1 までの和の値は 1*/

 /* 1 から順番に和を求める*/
 while(sum<100){             /*100 以下の間繰り返す*/
  printf("%d までの和:%d¥n",n,sum) ;
  sum=sum+n ;                /*sum の値に n を加える*/
 }
}
```

図 **4.7**　sbug.c プログラム

4.2　多重の繰り返し

基本事項のまとめ

① for文やwhile文による繰り返し処理では，繰り返し処理の内部に新たな繰り返し処理を含むことができる．例えば図4.8の例では，変数iによる繰り返し処理の内部に，変数jによって制御される別の繰り返し処理が含まれている．この場合，内側の変数jによって制御される繰り返し処理全体が，外側の繰り返し処理によって複数回実行される[17]．

17) この例では繰り返しは二重だが，必要ならば繰返しは三重，四重 ··· と，さらに多重にすることもできる．

```
int i,j ;/* 繰り返しを制御する変数 */



for(i=1;i<=3;++i)/*i が 3 以下の場合繰り返す */
 for(j=1;j<=4;++j)/*j が 4 以下の場合繰り返す */
  printf("i:%d j:%d¥n",i,j) ;
```

i のそれぞれについて，j を 1 から 4 まで繰り返す

(1) 二重の繰り返し処理の記述例

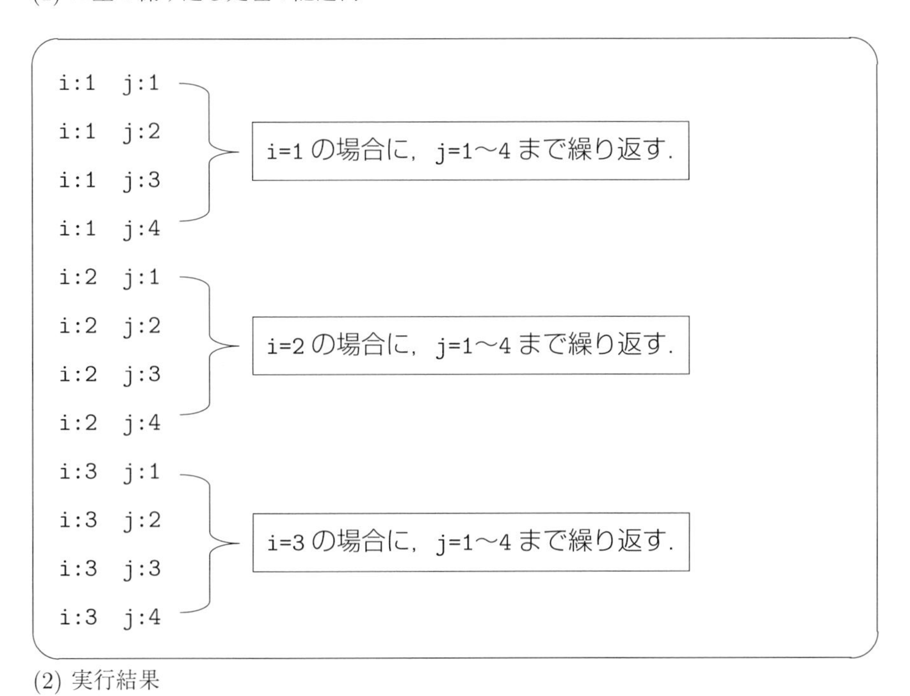

(2) 実行結果

図 **4.8**　二重の繰り返し処理の例

② 多重の繰り返し処理の記述においては，どこまでの範囲がどの繰り返し処理に関係するのかが不明瞭になることがある．このような場合にはカッコ {} を使って対応関係を明確化すると良い．

```
for(i=1;i<=3;++i)    /*i が 3 以下の場合繰り返す */
 for(j=1;j<=4;++j)  /*j が 4 以下の場合繰り返す */
   printf("i %d  j:%d¥n",i,j) ;
```

どこまでの範囲がどの繰り返し処理に関係するのかが不明瞭.

変数 i による繰り返し処理

↓

```
for(i=1;i<=3;++i){/*i が 3 以下の場合繰り返す */
 for(j=1;j<=4;++j){/*j が 4 以下の場合繰り返す */
  printf("i:%d  j:%d¥n",i,j) ;
 }
}
```

変数 j による繰り返し処理.

図 4.9　多重の繰り返し処理の記述例

例題 4.2

入力された数値 n の値に従って，n 行にわたって星印∗を n 個出力するプログラム asterisk.c を作成せよ.

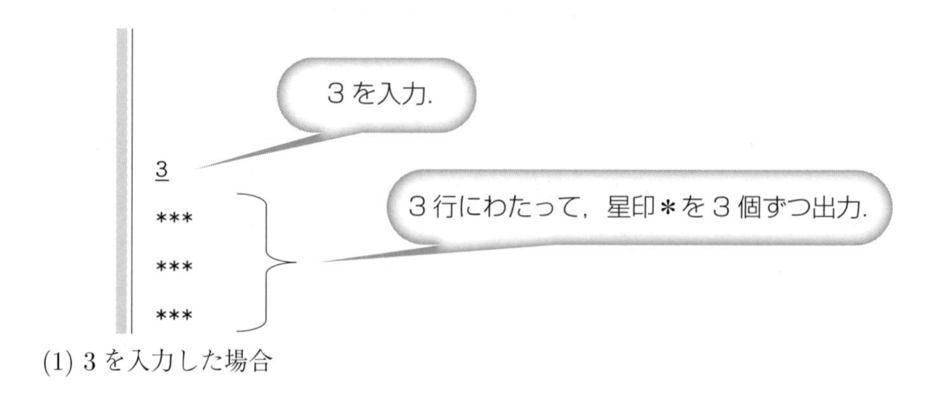

(1) 3 を入力した場合

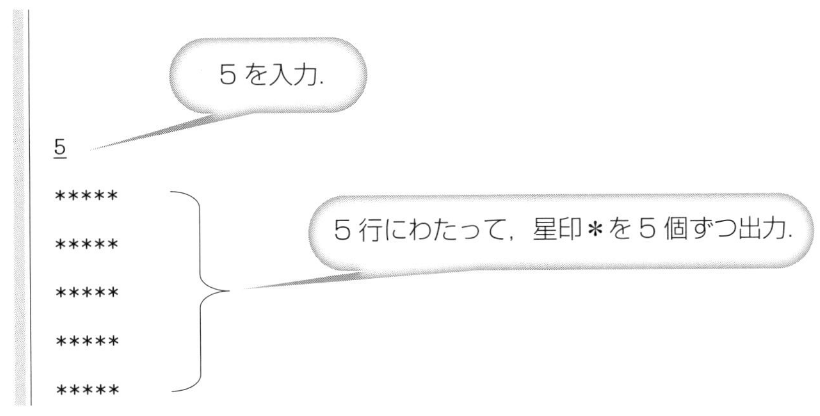

(2) 5を入力した場合

図 4.10　asterisk.c プログラムの実行例（下線部はキーボードからの入力）

☞ 解答と解説

asterisk.c プログラムは，複数の行を出力するための繰り返し処理と，各行で星印＊を複数個出力するための繰り返し処理からなる，2重の繰り返し処理が必要になる．その手順は次のようになる．

(1)n を入力
(2)以下を n 行分繰り返す
　(2-1) 繰り返し処理を用いて，星印＊を n 個出力する
　(2-2) 改行記号を出力する

この手順をプログラムで表現すると，図 4.11 のようになる．

```
for(i=1;i<=n;++i){       /*i が n 以下の場合繰り返す */
 for(j=1;j<=n;++j){      /*j が n 以下の場合繰り返す */
  printf("*") ;          /* 星印 * を出力 */
 }
 printf("¥n") ;          /*1 行の終わりの改行 */
}
```

手順 (2) に対応する繰り返し処理.
手順 (2-1) に対応する繰り返し処理.
手順 (2-2) に対応する処理.

図 4.11　asterisk.c プログラムの処理の中心部分

図 4.11 をプログラムとして完成させた例を図 4.12 に示す．

```
/* asterisk.c プログラム                    */
/* 星印*を複数行出力します                  */

#include <stdio.h>

int main()
{
 int n ;              /*入力された整数を保持*/
 int i,j ;            /*繰り返しを制御する変数*/

 scanf("%d",&n) ;     /*整数 n の読み込み*/

 for(i=1;i<=n;++i){ /*i が n 以下の場合繰り返す*/
  for(j=1;j<=n;++j){/*j が n 以下の場合繰り返す*/
   printf("*") ;      /*星印*を出力*/
  }
  printf("¥n") ;      /*1 行の終わりの改行*/
 }
}
```

図 **4.12**　asterisk.c プログラムのソースコード

演習問題 4.2

① 図 4.13 に示す aster2.c プログラムを実行すると，どのような出力結果を得るか．

```
/* aster2.c プログラム                      */

#include <stdio.h>

int main()
{
 int i,j ;              /*繰り返しを制御する変数*/

 for(i=5;i>=1;--i){
  for(j=1;j<=i;++j){
   printf("*") ;        /*星印*を出力*/
  }
  printf("¥n") ;        /*1 行の終わりの改行*/
 }

}
```

図 **4.13**　aster2.c プログラム

② 図 4.14 に示すように，斜めに並んだ 7 つの星印 * を出力するプログラム aster3.c を作成せよ．

```
*
 *
  *
   *
    *
     *
      *
```

図 4.14 aster3.c プログラムの実行結果
星印が斜めに並んで印字されている．

③ 図 4.15(1) に示す aster4.c プログラムは，図 4.15(2) に示すような出力結果を得ることを意図したプログラムである．ただし，図 4.15 のソースコードには誤りがあり，図のような結果を得ることができない．期待したような出力が得られるようにプログラムを修正せよ．

```
/* aster4.c プログラム                    */
/* 誤りを含んだ不完全版             */

#include <stdio.h>

int main()
{
 int n ;                          /*入力された整数を保持*/
 int i,j ;                        /*繰り返しを制御する変数*/

 scanf("%d",&n) ;                 /*整数 n の読み込み*/

 for(i=1;i<=n;++i){
  for(j=1;j<=i;++j){
   printf("*") ;                  /*星印*を出力*/
  }
  printf("¥n") ;                  /*1 行の終わりの改行*/
 }
 for(i=1;i<=n;++i){
  for(j=1;j<=i;++j){
   printf("*") ;                  /*星印*を出力*/
  }
  printf("¥n") ;                  /*1 行の終わりの改行*/
 }

}
```

(1) aster4.c プログラム（誤りを含んだ不完全版）

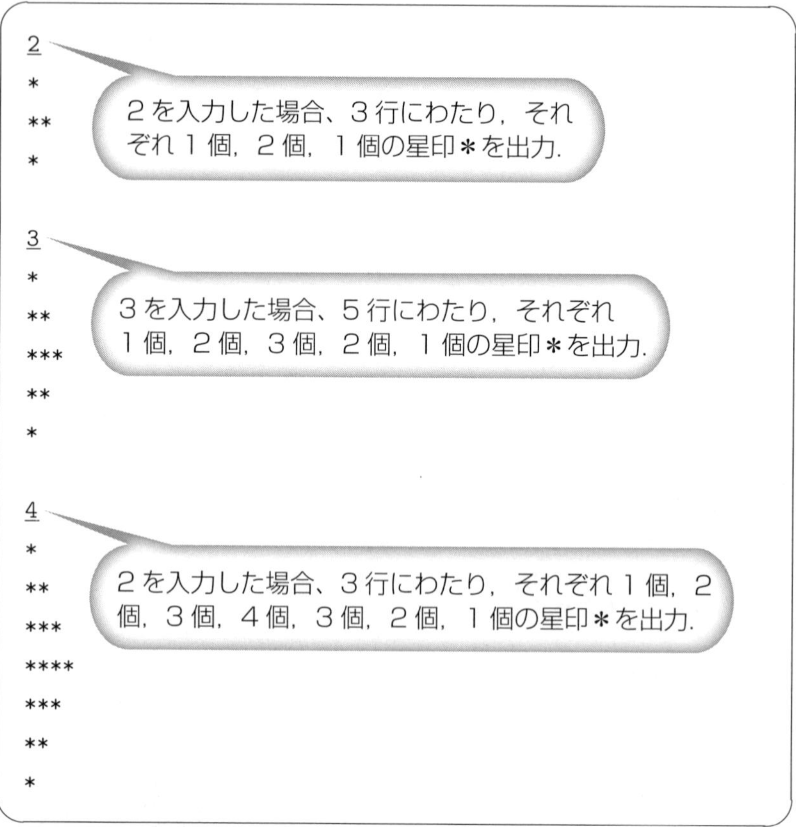

(2) 期待される出力結果
入力された整数の値に従って星印＊を出力する（下線部はキーボードからの入力）

図 4.15　aster4.c プログラム

[4章のまとめ]

① while 文は，繰り返し処理を記述するための仕組みである． for 文と異なり， while 文では繰り返しの条件判定のみをカッコ内に記述する．なお， while 文は for 文と同等の記述力あり，どちらの文を使っても同じ意味の繰り返し処理を記述することができる．

② for 文や while 文による繰り返し処理では，繰り返し処理の内部に新たな繰り返し処理を含むことができる．

③ 多重の繰り返し処理の記述においては，どこまでの範囲がどの繰り返し処理に関係するのかが不明瞭になることがある．このような場合にはカッコ {} を使って対応関係を明確化する．

第5章　モジュール化

[この章のねらい]

　本章では，関数を用いたモジュール化の概念を扱います．モジュールとはプログラムを構成するひとまとまりの一部分を意味します．C言語では関数がモジュールの基礎単位であり，関数を用いてプログラムをモジュール化します．

[この章で学ぶ項目]

モジュール化の概念
モジュール化の利用

5.1　モジュール化の方法

基本事項のまとめ

① 関数と関数呼び出し

C言語のプログラムは，**関数**の集合として構成される．関数のうち**main()関数**は，プログラム実行開始時に最初に呼び出される特殊な関数である．main()関数以外の関数を呼び出すには，関数名を用いる．printf()関数やscanf()関数などシステムにあらかじめ組み込まれている関数は，関数名を指定するだけで呼び出して利用することができる．関数名の後のカッコ()内には[18]，関数に与える**引数**を記述する．

[18] C言語では，関数の呼び出しや定義の際には，関数名に必ずカッコ()がつく．このため本書では，関数名には必ずカッコ()をつけて記述している．こうすることで，関数名と変数名等を明確に区別しているのである．

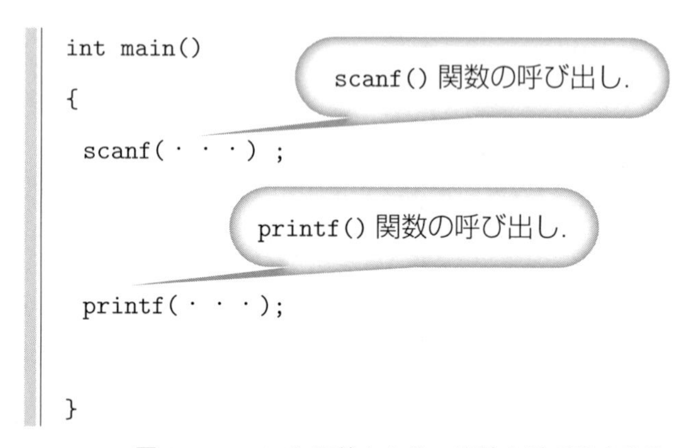

図 5.1　main()関数から他の関数を呼び出す方法
関数名を指定することで，scanf()関数やprintf()関数などの定義済みの関数を呼び出すことができる

② 関数定義

あらかじめ定義された以外の関数を新たに作成するには，**関数定義**を行う．関数定義は，図5.2のような形式で行う．関数名の前には，関数の返す値の型を記述する．関数名の後のカッコ()には，関数が受け取る値を保持する変数のリストを記述する．これらの変数を**パラメタ**と呼ぶ．関数の返す値は，**return文**により記述する．

関数の返す値は，return文に記述した式の値である．もしreturn文に記述した式の値の型と，関数名の前に記述した関数の返す値の型が異なる場合には，式の値の型は関数の返す値の型に変換される．例えば図5.2でreturn文の式の値の型がint型以外であれば，その値をint型に変換された値が関数の返す値となる．

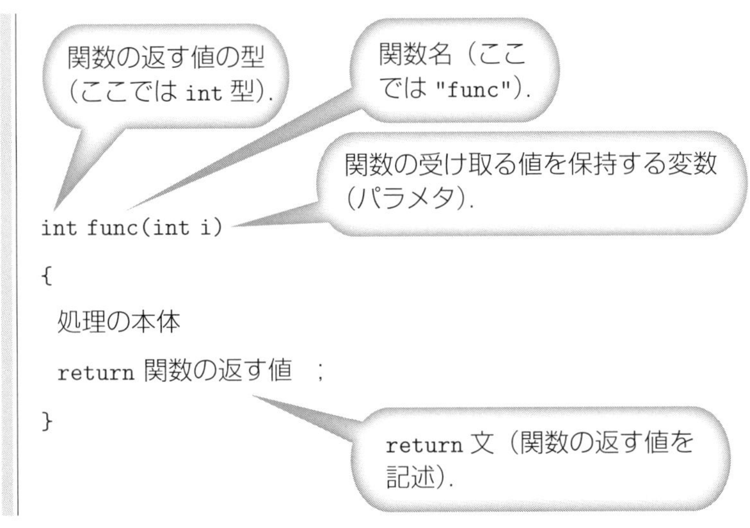

図 **5.2** 関数定義の形式

③ 関数のプロトタイプの宣言

関数を利用する際には，利用に先立って**関数のプロトタイプの宣言**[19]を行う．図 5.3 に，関数のプロトタイプの宣言例を示す．関数のプロトタイプの宣言は，関数定義の書き出しとよく似た形式を有する．

19) 関数のプロトタイプの宣言を行うと，コンパイラは関数の利用方法をあらかじめ知ることができる．コンパイラはこの情報を利用して，関数の利用に関するエラーチェックを行う．

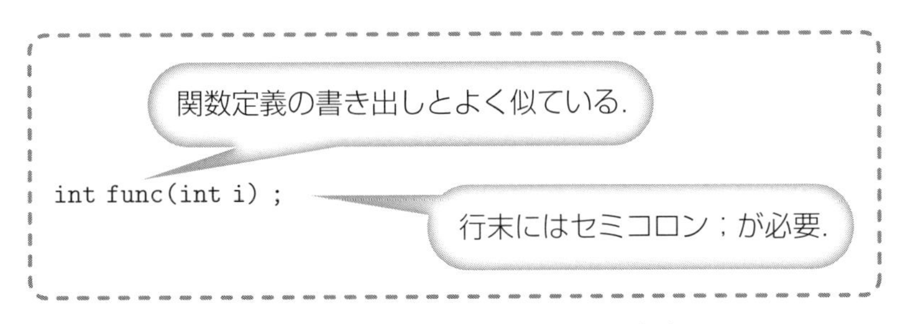

図 **5.3** 関数のプロトタイプの宣言（例）
関数定義の書き出しとよく似ているが，行末にはセミコロン ; が必要．

例題 5.1

関数 f() を次のように定義する．関数 f() を用いて，f(1)〜f(10) を計算するプログラム printfunc.c を作成せよ．

☞ 解答と解説

printfunc.c プログラムは，for 文等を使って関数 f() を繰り返し呼び出し，関数の返す値を印刷するプログラムである．関数を利用するためには，図 5.4 に示した f() 関数の関数定義のほか，関数のプロトタイプの宣言が必要であ

```
/* 関数 f()  */
/*4乗の計算*/
int f(int i)
{
 return i*i*i*i ;
}
```

図 **5.4** 関数 f() の定義

る．以上の考え方で printfunc.c プログラムを構成した例を，図 5.5 に示す．

```
/* printfunc.c プログラム */
/* 関数を使った計算の例題*/

#include <stdio.h>
/*関数のプロトタイプの宣言*/
int f(int i) ;                              /*4 乗の計算*/

/*main 関数*/
int main()
{
 int i;                                     /*繰り返し回数を数えるカウンタ*/

 for(i=1;i<=10;++i)
  printf("f(%d)=%d¥n",i,f(i)) ;

}

/* 関数 f()  */
/*4 乗の計算*/
int f(int i)
{
 return i*i*i*i ;
}
```

図 **5.5** printfunc.c プログラムのソースコード

```
f(1)=1
f(2)=16
f(3)=81
f(4)=256
f(5)=625
f(6)=1296
f(7)=2401
f(8)=4096
f(9)=6561
f(10)=10000
```

f(1)〜f(10) の値を計算し，順に出力している．

図 **5.6** printfunc.c プログラムの実行結果

演習問題 5.1

① 図 5.7 の dprint.c プログラムを実行した際の出力結果を示せ．

```
/* dprint.c プログラム          */
/* 2 つの関数を使った計算の例題*/

#include <stdio.h>
/*関数のプロトタイプの宣言*/
int f1(int i) ;
int f2(int i) ;

/*main 関数*/
int main()
{
 int i;                    /*繰り返し回数を数えるカウンタ*/

 for(i=1;i<=10;++i){
  printf("f1(%d)=%d  ",i,f1(i)) ;
  printf("f2(%d)=%d¥n",i,f2(i)) ;
 }
}

/* 関数 f1()  */
int f1(int i)
{
 return i*i ;
}

/* 関数 f2()  */
int f2(int i)
```

```
{
 return i*i*i ;
}
```

図 **5.7**　dprint.c プログラム

② 図5.8に示す関数func1()とfunc2()を用いて，func1(1)〜func1(10)を出力するプログラムprintffunc2.cを作成せよ．

```
/* 関数 func1()  */
int func1(int i)
{
 return func2(i)*func2(i) ;
}

/* 関数 func2()  */
int func2(int i)
{
 return i*i*i*i ;
}
```

図 **5.8**　関数func1()とfunc2() printffunc2.cの一部

③ 図5.9のプログラムは，1から10までの4乗の値を計算するつもりで作成したプログラムprintbug.cである．このプログラムの誤りを指摘し，プログラムを修正せよ．

```
/* printbug.c プログラム       */
/* プログラムエラーを含む例題*/

#include <stdio.h>
/*関数のプロトタイプの宣言*/
int f(int i) ;

/*main 関数*/
int main()
{
 int i;                    /*繰り返し回数を数えるカウンタ*/

 for(i=1;i<=10;++i)
  printf("f(%d)=%d¥n",i,func(i)) ;

}

/* 関数 f()  */
int f(int i)
{
 return i*i*i*i ;
```

```
}
```

図 5.9 printbug.c プログラム

5.2 モジュールの利用

基本事項のまとめ

① 引数と戻り値

関数を呼び出す際，関数名に引き続くカッコ内に記述した引数の値は，関数定義において関数名に続いて記述したパラメタに代入される．複数の引数が存在する場合には，記述した順番に引数とパラメタが対応づけられる．パラメタは関数内で普通の変数として利用できる（図 5.10）．

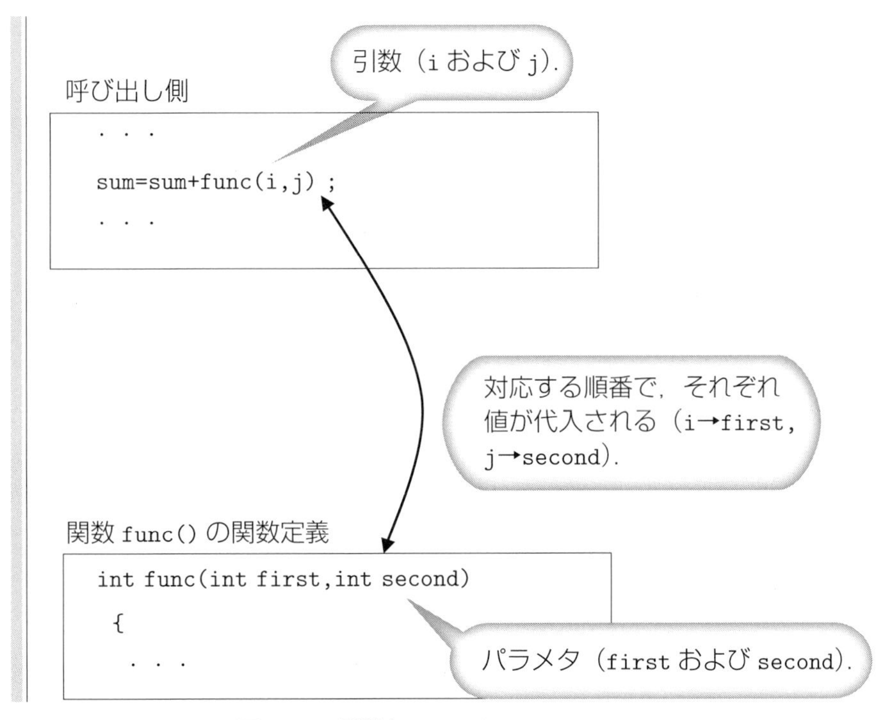

図 5.10 引数とパラメタ

関数内での計算結果など，関数が呼び出し側に返す値を戻り値と呼ぶ．戻り値は return 文により呼び出し側に返される（図 5.11）．戻り値の型は関数定義における関数名の前に記述する．

戻り値は一つの関数について一つのみであり，複数の戻り値を指定することはできない．例えば図 5.11 の例では，関数 func() の戻り値は変数 var

に格納された値だけである．戻り値が複数必要な場合には，後述するポインタや構造体を用いる必要がある．ポインタについては 9 章で改めて扱い，構造体については 11 章で扱う．

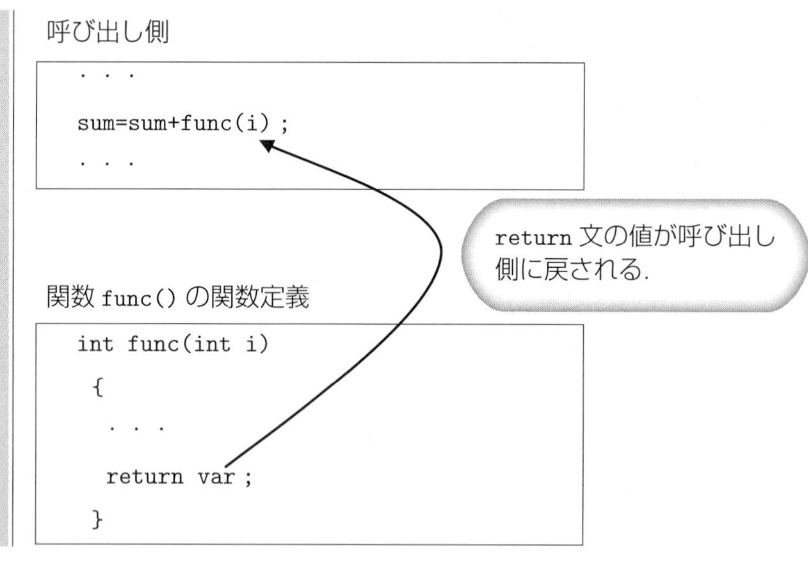

図 5.11　return 文による戻り値の受け渡し

関数によっては，戻り値が存在しないものもある．この場合，関数定義における関数名の前には void [20] というキーワードを置く．void 型の関数は，値を戻さないため，return 文が不要である（図 5.12）．

[20] void とは，「空虚な」とか「からっぽの」あるいは「無効の」といった意味の英単語である．

void 型．

```
void printline(int upperlimit)
{
 int i ;


 for(i=0;i<=upperlimit;++i)
  printf("*") ;
 printf("¥n") ;

}
```

return 文がない（不要）．

図 5.12　void 型の関数の例
void 型の関数は値を戻さないため，return 文が不要である．

② 変数の通用範囲

ある関数内部で定義された変数は，その関数内部に限り有効である[21)]．同じ名前の変数が他の関数に表れても，別の変数として扱われる．これは，引数とパラメタについても同様である．つまり，引数の値はパラメタにコピーされるが，パラメタの値を変更しても引数の値は変わらない．この意味で，パラメタは引数の値を受け取るが，両者は別々の変数である（図5.13）．なお，呼び出された関数内で呼び出し側の引数の値を変更するには，後述するポインタを用いる必要がある．

21) この制限があるので，別々に作成した関数をひとまとめにして利用しても，異なる関数の間で変数名が重複して処理が混乱するという心配をしなくてすむのである．

```
int main()
{
 int i ;                     /*main() 関数内部のみに通用 */
 . . .
}

int func1()
{
 int i;                      /*func1() 関数内部のみに通用,
                             main() 関数内の変数 i とは別物 */

 func2(i) ;                  /* 関数 func2() の呼び出し */
}

int func2(int var)
{
 . . .
```

パラメタ var には引数 i の値がコピーされるが，両者は別物．

図 5.13 変数の通用範囲

例題 5.2

図 5.14 に示す printline() 関数を用いて，図 5.15 に示すような出力を行う printa.c プログラムを構成せよ．

☞ 解答と解説

図 5.14 の printline() 関数は，引数で指定された個数の星印＊を印字して，行の最後で改行するプログラムである．printline() 関数を用いて図 5.15 のような出力結果を得るには，for 文等による繰り返し処理を用いて

```
/* 関数 printline()  */
void printline(int upperlimit)
{
 int i ;

 for(i=0;i<upperlimit;++i)
  printf("*") ;
 printf("¥n") ;

}
```

図 **5.14**　printline() 関数（void 型の関数の例）

```
*
**
***
****
*****
******
*******
********
*********
**********
```

図 **5.15**　printa.c プログラムの実行結果

printline() 関数を繰り返し呼び出せばよい．図 5.16 に printa.c プログラムのソースコードを示す．

```
/* printa.c プログラム     */
/* void 型の戻り値の例     */

#include <stdio.h>
/*関数のプロトタイプの宣言*/
void printline(int i) ;

/*main 関数*/
int main()
{
 int i;                 /*繰り返し回数を数えるカウンタ*/

 for(i=1;i<=10;++i)
  printline(i) ;

}

/* 関数 printline()  */
void printline(int upperlimit)
{
 int i ;
```

```
  for(i=0;i<upperlimit;++i)
   printf("*") ;
  printf("¥n") ;

 }
```

図 5.16 printa.c プログラム（void 型の戻り値の例）

演習問題 5.2

① 図 5.17 に示す printa2.c プログラムを実行すると，どのような出力結果を得るか示せ．

```
/* printa2.c プログラム     */
/* void 型の戻り値の例 2     */

#include <stdio.h>
/*関数のプロトタイプの宣言*/
void printline(int i) ;

/*main 関数*/
int main()
{
 int i,j;                        /*繰り返し回数を数えるカウンタ*/

 for(i=1;i<=4;++i){
  for(j=1;j<=5;++j){
   printline(j) ;
  }
 }
}

/* 関数 printline()  */
void printline(int upperlimit)
{
 int i ;

 for(i=0;i<upperlimit;++i)
  printf("*") ;
 printf("¥n") ;

}
```

図 5.17 printa2.c プログラム

② 図 5.14 に示した printline() 関数を用いて，入力された数値で指定した個数だけ星印 * を出力するプログラム printbar.c を作成せよ．なお図 5.18 に示すように，入力は 5 回繰り返すものとする．

```
3
3:***
9
9:*********
2
2:**
-5
-5:
20
20:********************
```

3を入力すると，3個の星印＊を出力する.
負の数を指定した場合には星印＊は出力されない.
5回繰り返して終了.

図 5.18　printbar.c プログラムの実行例（下線部はキーボードからの入力）

③ 図 5.19 のプログラム printa3bug.c は，図 5.20 に示すように，入力された数字を使って数字の三角形を描くことを意図して作成したプログラムである．しかしバグがあるため，コンパイルすることができない．そこで，図 5.20 に示す動作を行うようプログラムを修正せよ．

```
/* printa3bug.c プログラム              */
/* このプログラムには誤りがあります*/

#include <stdio.h>

/*関数のプロトタイプの宣言*/
void printnum(int i) ;

/*main 関数*/
int main()
{
 int i;                          /*繰り返し回数を数えるカウンタ*/
 int num ;                       /*出力する数字を格納*/

 scanf("%d",&num);               /*出力する数字の指定*/

 for(i=1;i<=5;++i)
  printnum(i) ;

}

/* 関数 printnum()  */
void printnum(int upperlimit)
{
 int i ;
```

```
 for(i=0;i<upperlimit;++i)
  printf("%d",num) ;
 printf("¥n") ;

}
```

図 5.19 printa3bug.c プログラム
(バグがあるため，コンパイルすることができない)

3
3
33
333
3333
33333

3 を入力すると，3 という数字を使って三角形を描画する.

(1) 入力が 3 の場合

(2) 入力が 7 の場合

図 5.20 printa3.c プログラムの期待される動作
(下線部はキーボードからの入力)

[5章のまとめ]

① C言語のプログラムは，関数の集合として構成される．関数のうち main() 関数は，プログラム実行開始時に最初に呼び出される特殊な関数である．
② あらかじめ定義された以外の関数を新たに作成するには，関数定義を行う．関数定義において，関数名の前には，関数の返す値の型を記述する．関数名の後のカッコ () には，パラメタのリストを記述する．関数の返す値は，return 文により記述する．ただし， void 型の関数は，値を戻さないため，return 文は不要である．
③ 関数を利用する際には，利用に先立って関数のプロトタイプの宣言を行う．
④ 関数を呼び出す際に，関数名に続くカッコ内記述する変数を引数と呼ぶ．引数の値は，関数定義において記述したパラメタに代入される．
⑤ ある関数内部で定義された変数は，その関数内部に限り有効である．別々の関数に同一名称の変数が含まれていても，両者は異なる変数として扱われる．

第6章　配列

[この章のねらい]

　本章では，C 言語における基本的なデータ型と，その拡張について説明します．また，構造を持った変数の例として配列を取り上げます．

[この章で学ぶ項目]

データ型
配列と繰り返し処理

6.1 データ型

基本事項のまとめ

① C言語には，表6.1に示す四つの基本的なデータ型が用意されている．このうち，文字の格納には char 型，整数の格納には int 型，また浮動小数点数の格納には double [22] 型が用いられる．

表 6.1 C言語における基本的なデータ型

形名	説明
char	アルファベットや数字，記号等を1文字格納する．
int	整数を格納する．
float	浮動小数点数を格納する．
double	浮動小数点数を格納する (有効数字の桁数が float 以上の桁数)．

② 型の名前の前に修飾子 long を置くことで，より格納領域の大きな型を表すことができる．また，修飾子 short は格納領域のより小さな型を表す．例えば short int 型は int 型と同じかそれ以下の格納領域を使用し，long int 型は int 型と同じかそれ以上の大きさの格納領域を使用する [23]．他の修飾子として，符号つきを表す signed および，符号無しを表す unsigned がある．

③ 変数定義は，図6.1に示す例のように記述する．図のように，定義の際に，変数に初期値を与えることもできる．

```
unsigned int i;          /*符号なし int 型の変数 i を定義*/
long double x ;          /*logn double 型の変数 x を定義*/
int sum=0 ;              /*変数 sum を定義し，0 に初期化*/
double y=0.0;            /*変数 y を定義し，0.0 に初期化*/
```

図 6.1 変数の定義例

④ ある型の変数に異なる型の値を代入する際には，一定の規則に基づいて**型変換**が実行される [24]．また，型名をカッコ () でくくって前置すると，型変換を強制的に行うことができる．さらに，計算式の中に異なる型が含まれ場合には，一般に，より広い範囲の数値を表現できる型に型変換されてから計算が行われる．これらの例を図6.2に示す．

⑤ printf() 関数や scanf() 関数では，書式指定の際に変数の型を指定する必要がある．%d や%lf のように，出力時の形式を指定する文字列を**変換仕様**と呼ぶ．図6.3に，printf() 関数や scanf() 関数の書式指定例を示す [25]．

[22] 表6.1に示すように，float 型も double 型と同様に，浮動小数点数の格納に用いることができる．両者の違いは有効数字の桁数にある．double 型の変数は float 型の変数と比較して有効数字の桁数が大きく，精度の観点から有利である．もちろん double 型の変数は，格納に必要なメモリ領域も余分に必要になる．しかし現在のコンピュータ環境では記憶領域を節約する必要が生じることはあまりないので，float 型を積極的に利用する理由はほとんどない．

[23] つまり，short int 型は int 型より大きな領域は占めず，long int 型は int 型よりも領域が小さくはならない．しかし，これら三つの型がすべて同じ大きさの格納領域となる場合はあり得る．

[24] 暗黙的な型変換が生じる場合には，しばしば思いがけないプログラムエラーを伴うため，注意が必要である．

[25] 図6.3に示したのはあくまで一例である．変換仕様にはこのほかにも，例えば%o，%x，%u，%e，%n など，さまざまなものがある．

```
int i;
double x;

i=1 ;
x=i ;

printf("%lf¥n",x) ;

x=i/2 ;
printf("%lf¥n",x) ;

x=i/2.0 ;
printf("%lf¥n",x) ;

x=(double)i/ 2 ;
printf("%lf¥n",x) ;

x=(double)i/2.0 ;
printf("%lf¥n",x) ;
```

int から double への型変換が生じ，変数 x には double 型の数値 1.0 が格納される.

double 型の数値 1.0 が出力される（実行結果①参照）.

右辺は int 型の変数 i を int 型の定数 2 で除するので，結果は int 型（整数）の 0 となる。したがって，int 型の数値 0 が代入時に double 型の 0.0 に変換されて変数 x に代入される.

double 型の値 0.0 が出力される（実行結果②参照）.

右辺は int 型の変数 i を浮動小数点型の定数 2.0 で除するので，結果は浮動小数点の 0.5 となる。したがって，double 型の変数 x に 0.5 が代入される.

double 型の値 0.5 が出力される（実行結果③参照）.

右辺は int 型の変数 i の格納する値 1 を強制的に double 型の値 1.0 に型変換し，int 型の定数 2 で除するので，結果は double 型の 0.5 となる．したがって，double 型の変数 x に 0.5 が代入される.

double 型の値 0.5 が出力される（実行結果④参照）.

型を明示した計算式の例.

double 型の値 0.5 が出力される（実行結果⑤参照）.

(1) 型変換の例

```
1.000000    実行結果①

0.000000    実行結果②

0.500000    実行結果③

0.500000    実行結果④

0.500000    実行結果⑤
```

(2) 実行結果

図 6.2 型変換の例と実行結果

```
char chr ;
int ivar;
double xvar ;

/*char 型変数（文字）の読み込みと出力（%c 変換)*/
scanf("%c",&chr);
printf("chr=%c¥n",chr);

/*int 型変数（整数）の読み込みと出力（%d 変換)*/
scanf("%d",&ivar);
printf("ivar=%d¥n",ivar);

/* double 型変数（浮動小数点数）の読み込みと出力（%lf 変換)*/
scanf("%lf",&xvar);
printf("xvar=%lf¥n",xvar);
```

図 6.3　printf() 関数と scanf() 関数における書式指定の例

例題 6.1

図 6.4 の ifhalfbug.c プログラムは，入力された数値が 0.5 より大きいかどうかを判定してメッセージを出力することを意図したプログラムである．しかし実行例にあるように，正しく判定しない場合がある．ifhalfbug.c プログラムの問題点を指摘して修正せよ．

```
/* ifhalfbug.c プログラム */
/* このプログラムには誤りがあります*/
#include <stdio.h>

int main()
{
 double data ;                       /*入力値を格納*/

 scanf("%lf",&data) ;                /*数値を読み込む*/
 if(data>(1/2))                      /*もし 1/2 より大きいなら*/
  printf("0.5 より大きい ¥n") ;
 else                                /*そうでなければ*/
  printf("0.5 以下 ¥n") ;
}
```

(1) ソースコード

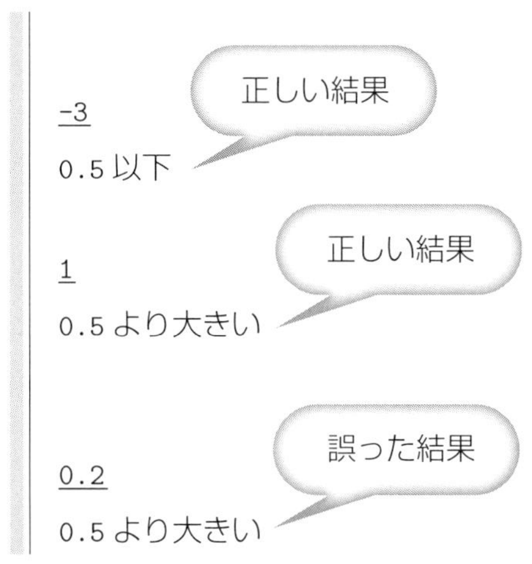

(2) 実行例 (下線部はキーボードからの入力)

図 6.4 ifhalfbug.c プログラム

☞ 解答と解説

ifhalfbug.c プログラムでは，変数 data の値を調べるために次のような if 文を用いている．

```
if(data>(1/2))        /*もし 1/2 より大きいなら*/
```

ここでは，変数 data と式 1/2 の値を比較している．しかし，1/2 という計算式は，int 型の値である 1 を同じく int 型の値である 2 で割る計算なので，すべての計算が整数として実施される．この結果，1/2 の値は整数の 0 になってしまう．したがって上記の条件判定は，変数 data が 0 より大きいかどうかを調べていることになる．

正しい判定を行うには，比較対象の値は整数の 1/2 ではなく，1.0/2.0 のように浮動小数点であることを明示する表現としなければならない．

```
if(data>(1/2))    /*もし 1/2 より大きいなら*/
        ↓
if(data>(1.0/2.0))    /*もし 1/2 より大きいなら*/
```

修正後のプログラム ifhalf.c を図 6.5 に示す．

```
/* ifhalf.c プログラム */
#include <stdio.h>

int main()
{
 double data ;                    /*入力値を格納*/

 scanf("%lf",&data) ;            /*数値を読み込む*/
 if(data>(1.0/2.0))               /*もし 1/2 より大きいなら*/
  printf("0.5 より大きい ¥n") ;
 else                             /*そうでなければ*/
  printf("0.5 以下 ¥n") ;
}
```

図 **6.5** 修正後のプログラム ifhalf.c

演習問題 6.1

① 以下の putnum.c プログラム（図 6.6）の出力結果を示せ.

```
/* putnum.c プログラム */
/* 変数の型と型変換    */
#include <stdio.h>

int main()
{
 int i,j ;
 double x,y;

 i=1 ;
 x=i/2 ;
 y=(double)i/2 ;
 j=x ;

 printf("i=%d¥n",i) ;
 printf("j=%d¥n",j) ;
 printf("x=%lf¥n",x) ;
 printf("y=%lf¥n",y) ;
}
```

図 **6.6** putnum.c プログラム

② 整数を読み込んで，2 乗，3 乗，およびそれらの逆数を出力するプログラム calcn.c を作成せよ．ただし逆数の計算には double 型を用いること．実行例を図 6.7 に示す.

```
2
x*x=4
x*x*x=8
1/x*x=0.250000
1/x*x*x=0.125000
```
(1) 2 を入力した場合

```
-3
x*x=9
x*x*x=-27
1/x*x=0.111111
1/x*x*x=-0.037037
```
(2) −3 を入力した場合

図 **6.7** calcn.c プログラムの実行例

③ 図 6.8 の putnum2bug.c プログラムを実行すると，i, j, x および y の値として，次のような表示が得られる．

```
    i=1 j=5
    x=1  y=-1124610432
```

上記 x, y の値は，期待している値とは異なる値である．プログラムを修正し，正しい値が得られるように修正せよ．

```
/* putnum2bug.c プログラム     */
/* 変数の型と型変換 (バグ含む)*/
#include <stdio.h>

int main()
{
 int i=1 ;
 int j=5 ;
 double x,y ;

 x=j/2.0 ;

 y=x*x ;

 printf("i=%d j=%d¥nx=%d  y=%d¥n",i,j,x,y) ;
}
```

図 **6.8** putnum2bug.c プログラム

6.2 配列と繰り返し処理

基本事項のまとめ

① **配列**とは，同じ型の変数の集まりであって，順番を指定する**添字**によって個々の構成要素を区別するデータ構造である．図6.9に配列の例を示す．C言語の配列では，添字は必ず0から始まる．配列の要素数は配列変数の定義時に決定される．

```
int ary[10] ;           /*10個の要素からなるint型配列*/
                        /*ary[0]～ary[9]までの，10個の要素が利用可能*/

double vector[100] ;    /*100個の要素からなるdouble型配列*/
                /*vector[0]～vector[99]までの，100個の要素が利用可能*/
```

(1) 配列の定義（例）

```
ary[1]=3 ;
ary[2]=5 ;
ary[0]=ary[1]+ary[2] ;
printf("%d %d %d¥n",ary[0],ary[1],ary[2]) ;
vector[0]=0.5 ;
vector[1]=0.3 ;
printf("%lf¥n",vector[0]*vector[1]) ;
```

ary[1]とary[2]の和を，ary[0]に代入（ary[0]の値は8になる）
vector[0]*vector[1]の値を出力（0.15が出力される）

(2) 配列の参照と代入

図6.9 配列の例

② 複数の添字で要素を指定する配列を，**多次元配列**と呼ぶ．図6.10に，多次元配列の例を示す．

③ 配列の定義時に，配列に初期値を与えることができる．図6.11に配列の初期化の例を示す．図の(1)では，配列に5個の初期値を与えることで，配列の各要素に指定した値を代入している．図の(2)は，全要素を0に初期化する例である[26]．

[26] この書き方は全要素を0に初期化する場合にのみ用いることができ，全要素を他の値に初期化する場合には利用できない．もし，
`int iary[5]={1} ;`
と書くと，iary[0]のみが1となり，残りの要素はすべて0になる．

```
/* 六つの要素から構成される int 型の 2 次元配列 *

int matrix[2][3] ;
```



```
/*10000 個の要素から構成される double 型の 2 次元配列 */

double matrix2[100][100] ;
```



```
/*1000000 個の要素からなる int 型の 3 次元配列 */

int matrix3[100][100][100] ;
```


図 **6.10** 多次元配列の例

```
/*5 つの要素からなる int 型配列 iary[] の定義と初期化*/
int iary[]={3,1,4,1,5} ;
/* “3 1 4 1 5”を出力    */
printf(“%d %d %d %d %d¥n”,iary[0],iary[1],iary[2],iary[3],iary[4]);
```

(1) 配列の定義と初期化の例 (その 1)

```
int iary[5]={0} ;          /*すべての要素を 0 に初期化*/
printf(“%d %d %d %d %d¥n”,iary[0],iary[1],iary[2],iary[3],iary[4]);
/*“0 0 0 0 0”を出力*/
```

(2) 配列の定義と初期化の例 (その 2)

```
int matrix[2][3] ={{3,1,4},{1,5,9}};
```

matrix[0][0]=3,matrix[0][1]=1,matrix[0][2]=4,
matrix[1][0]=1,matrix[1][1]=5,matrix[1][2]=9

(3) 配列の定義と初期化の例 (その 3)

図 **6.11** 配列の初期化の例

④ 配列の各要素は添字で指定することができるので，繰り返しを用いて一括処理を施すのに便利である．図 6.12 の例では，繰り返し処理を用いて配列の各要素を 2 倍している．

```
int ary[5]={3,1,4,1,5} ;      /*配列の初期化*/
int i ;                       /*繰り返しの制御に利用*/

for(i=0;i<5;++i)
    ary[i]=ary[i]*2 ;         /*各要素を 2 倍*/
```

図 **6.12**　配列と繰り返し処理の組み合わせ

例題 6.2

図 6.13 に示した配列について，各要素の逆数の和を計算するプログラム isum.c を作成せよ．ただし，計算対象とする要素の値はすべて 0 より大きい値であり，データの終わりには 0 が格納されているものとする．

```
int ary[]={2,7,1,8,2,8,1,8,0} ;/* 処理対象配列 */
```

計算対象とする要素の値はすべて 0 より大きい値
データの終わりには 0 が格納されている．

図 **6.13**　処理対象の配列 ary[]

☞ 解答と解説

isum.c プログラムに求められる処理手続きは，以下の通りである．

(1) 変数 i および isum を 0 に初期化
(2) 配列要素 ary[i] が 0 でなければ以下を計算
　(2-1) isum に isum+1.0/isum を代入
　(2-2) i をインクリメント
(3) isum の値を出力

以上の手続きにそって isum.c プログラムを構成した例を図 6.14 に示す．

```
/* isum.c プログラム  */
/* 逆数の和を求めます*/

#include <stdio.h>

/*main() 関数*/

int main()
{
 int ary[]={2,7,1,8,2,8,1,8,0} ;/*処理対象配列*/
 int i=0 ;                      /*繰り返しの制御に利用*/
 double isum=0.0 ;              /*和の計算に利用*/

 /*逆数の和の計算*/
 while(ary[i]>0){
  isum=isum+1.0/ary[i] ;
  ++i ;
 }

 printf("%lf¥n",isum) ;

}
```

図 **6.14** isum.c プログラムのソースコード

演習問題 6.2

① 図 6.15 の arrayex1.c プログラムを実行した結果を示せ.

```
/* arrayex1.c プログラム  */

#include <stdio.h>

/*main() 関数*/

int main()
{
 int ary1[8]={2,7,1,8,2,8,1,8} ;
 int ary2[8]={3,1,4,1,5,9,2,6} ;
 int i ;

 for(i=0;i<8;++i){
  printf("%d ",ary1[i]*ary2[i]) ;
 }

 printf("¥n") ;

}
```

図 **6.15** arrayex1.c プログラム

② 図 6.16(1) のソースコードの「空欄 A」〜「空欄 D」を穴埋めして，図 6.16(2) に示すような出力を与える arrayex2.c プログラムを作成せよ．

```
/* arrayex2.c プログラム  */

#include <stdio.h>
/*main() 関数*/

int main()
{
  「int ary[「空欄A」][ 「空欄A」 ]={ 「空欄B」, 「空欄C」, 「空欄D」
} ;
 int i,j ;」

 for(i=0;i<3;++i){
  for(j=0;j<3;++j)
   printf("%d ",ary[i][j]) ;
  printf("¥n") ;
 }

 printf("¥n") ;

}
```

(1) ソースコード（一部）

```
3 1 4
1 5 9
2 6 5
```

(2) 実行結果

図 **6.16**　arrayex2.c プログラムのソースコード（一部）と実行結果

[6章のまとめ]

① C 言語には，char 型，int 型，float 型および double 型の，四つの基本的なデータ型が用意されている．修飾子を用いると，基本的なデータ型を拡張することができる．

② 変数定義においては，変数に初期値を与えることができる．

③ 演算や代入等においては，異なる型同士で変換が施されることがある．また明示的に型を変換することもできる．

④ 配列は，同じ型の変数の集まりであって，順番を指定する添字によって個々の構成要素を区別するデータ構造である．

⑤ 複数の添字で要素を指定する配列を，多次元配列と呼ぶ．

第7章　ライブラリの利用

[この章のねらい]

本章では，システムにあらかじめ用意されているライブラリ関数を取り上げます．これまで利用してきた printf() 関数や scanf() 関数をはじめとして，C 言語環境ではさまざまなライブラリ関数を利用することができます．ここでは，これらのうちから特によく用いられる関数を取り上げて利用方法を示します．

[この章で学ぶ項目]

C 言語のライブラリ
数学関数と乱数関数

7.1　C言語のライブラリ

基本事項のまとめ

① **ライブラリ関数**は，例えばprintf()関数やscanf()関数のような，C言語のシステムにあらかじめ用意されている関数である．C言語の標準ライブラリ関数の例を表7.1に示す．

表7.1　C言語のライブラリ関数の例

分類	例	機能
入出力	printf()	計算結果などの出力
	scanf()	数値などの入力
数学関数	sin()	サイン関数
	atan()	アークタンジェント関数
	sqrt()	平方根
補助機能	rand()	乱数
	srand()	乱数の種（シード）の設定

② ライブラリ関数を利用するためには，ライブラリ関数自体のプロトタイプの宣言を行うなど，事前に準備が必要である．こうした事前準備は，あらかじめシステム内部にヘッダファイルとして記述されている．ライブラリ関数を利用するために必要なヘッダファイルは，適宜#includeという記述を使ってプログラムに読み込むことができる．ライブラリ関数を利用するために必要なヘッダファイルの例を表7.2に示す．

表7.2　ヘッダファイルと関係するライブラリ関数の例

ヘッダファイル	ライブラリ関数の例
stdio.h	printf() scanf() getchar() fopen() fclose()
stdlib.h	and() srand() atof() atoi()
math.h	sin() cos() tan() asin() acos() atan() sinh() cosh() tanh() exp() log() log10() pow() sqrt()

表7.2に示したヘッダファイルには，関数のプロトタイプの宣言のほかに，記号定数と呼ばれる特別な意味を持った定数の定義も含まれている．記号定数は，特別な意味を有する数値を記号で表すものである．例えばEOF[27]という記号定数は，入力終了あるいはファイルの終わりを意味する記号定数である．

[27] EOFは，End of Fileの頭文字である．

ヘッダファイルとライブラリ関数の利用例を図7.1に示す．図7.1のinput.cプログラムは，scanf()関数の戻り値を記号定数EOFと比較すること

```
/* input.c プログラム */
/* 入力の繰り返し処理*/

#include <stdio.h>

/*main 関数*/
int main()
{
 int num ;                    /*入力値*/

 /*入力と計算の繰り返し*/
 while(scanf("%d",&num)!=EOF){
  /*2 乗値の出力*/
  printf("%d  %d¥n",num,num*num) ;
 }
}
```

(1) input.c プログラムのソースコード

```
3
3  9
-2
-2  4
9
9  81
```

数値が入力されると，2 乗値の出力処理を実行する．

(2) input.c プログラムの実行例

図 **7.1**　input.c プログラム (下線部はキーボードからの入力)

で，複数回数の入力を繰り返す処理の記述例である．図のように，input.c プログラムでは入力を繰り返し受け取ってその 2 乗の値を出力する．

③ 記号定数は#define という記述を用いて新たに定義することが可能である．#define を用いると，コンパイルに先立って，定義に従った記号の置き換えがなされる．#define による記号置換の例を図 7.2 に示す．図では，記号定数 N [28] を利用して，配列の定義や繰り返し回数の制御を行っている．

[28] N は記号定数であって変数ではない．コンパイル時には，プログラムのソースコードで N と書かれた部分が定数 3 に置き換えられた後に，ソースコードが機械語に翻訳される．

```
/* arrayex3.c プログラム  */

#include <stdio.h>

/*記号定数の利用 */
#define N 3                /*N という記号定数を 3 と定義する */
```

```
/*main() 関数 */

int main()
{
 int ary[N][N]={{3,1,4},{1,5,9},{2,6,5}} ;
 int i,j ;

 for(i=0;i<N;++i){
  for(j=0;j<N;++j)
   printf("%d ",ary[i][j]) ;
  printf("¥n") ;
 }

 printf("¥n") ;

}
```

記号定数の利用（配列の定義）.

記号定数の利用（繰り返し回数の制御）.

図 **7.2**　#define の利用例（arrayex3.c プログラム）

> **例題 7.1**
> キーボードから繰り返し浮動小数点数を読み込み，値を積算するプログラム input2.c を作成せよ．図 7.3 に実行例を示す．

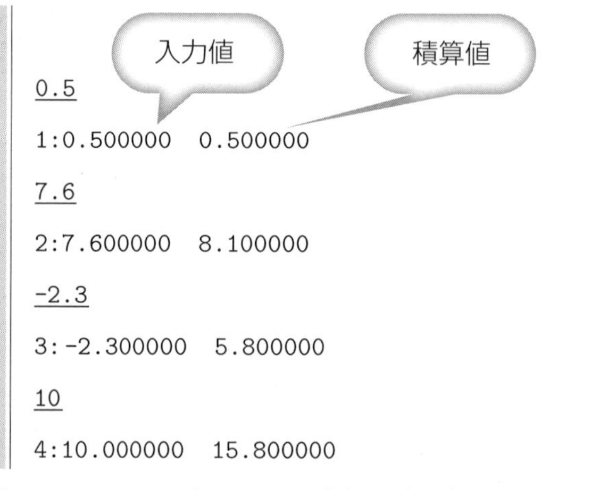

入力値
積算値
0.5
1:0.500000　0.500000
7.6
2:7.600000　8.100000
-2.3
3:-2.300000　5.800000
10
4:10.000000　15.800000

図 **7.3**　input2.c プログラムの実行例（下線部はキーボードからの入力）

☞ 解答と解説

input2.c プログラムは，先に示した input.c プログラムと同様の処理を行うプログラムである．そこで，input.c プログラムの場合と同様，次のような繰り返し処理を基本に考えればよい．

```
/*入力と計算の繰り返し*/
while(scanf("%d",&num)!=EOF){
 (繰り返し処理の記述)
}
```

上記に，繰り返し処理とその他の必要な処理を追加して完成させた input2.c プログラムのソースコードを図 7.4 に示す．

```
/* input2.c プログラム    */
/* 入力の繰り返し処理例 2*/

#include <stdio.h>

/*main 関数*/
int main()
{
 int i=1 ;/*入力回数*/
 double num ;/*入力値*/
 double sum=0.0 ;/*入力の総和*/

 /*入力と計算の繰り返し*/
 while(scanf("%lf",&num)!=EOF){
  sum=sum+num ;
  /*入力値と和の出力*/
  printf("%d:%lf  %lf¥n",i,num,sum) ;
  ++i ;
 }
}
```

図 **7.4** input2.c プログラム

演習問題 7.1

① 図 7.5 の input3.c プログラムについて，キーボードから下記のような入力を与えた場合の出力結果を示せ．

```
abcd123
```

ただし，getchar() と putchar() は表 7.3 のような機能を有する，一種のライブラリ関数である．

表 **7.3**　getchar() と putchar()

名称	機能	利用例
getchar()	1文字の入力，入力終了でEOFを返す	while((chr=getchar())!=EOF){ …
putchar()	1文字の出力	putchar(chr) ;

```
/* input3.c プログラム                */
/* getchar() による入力の繰り返し処理*/

#include <stdio.h>

/*main 関数*/
int main()
{
 int chr ;                          /*入力値*/

 /*入力の繰り返し*/
 while((chr=getchar())!=EOF){
  /*出力*/
  putchar(chr) ;
  putchar(chr) ;
 }
}
```

図 **7.5**　input3.c プログラム

② 図7.6のdim.cプログラムは，int型の配列ary[]についてどの程度の個数の要素が確保できるかを調べるためのプログラムである．記号定数Nを適宜変更しながらコンパイル・実行を繰り返し，コンパイル時や実行時にエラーが発生するかどうかを調べることで，どの程度の要素数が利用可能かを調査せよ．なお，結果は実行環境に依存する点に注意すること．

```
/* dim.c プログラム  */
/* 記号定数の利用例 */

#include <stdio.h>
#define N 1000000

/*main 関数*/
int main()
{
 int ary[N] ;                 /*データ領域*/
 int i ;                      /*繰り返しの制御*/

 printf("プログラム開始 ¥n") ;
 /*繰り返し処理*/
 for(i=0;i<N;++i){
```

```
   ary[i]= N ;
  }
  printf("プログラム終了 ¥n") ;
}
```

図 **7.6** dim.c プログラム

③ 図 7.1 の input.c プログラムに，整数以外の入力を与えるとどうなるか試してみよ．例えば，次のような入力を与えるとどうなるだろうか．

```
-0
0.0
3.45
abc
```

7.2 数学関数と乱数関数

基本事項のまとめ

① ヘッダファイル math.h では，三角関数や対数関数といった一般的な数学関数が宣言されている．数学関数の利用例を図 7.7 に示す．図 7.7 の sin.c プログラムでは，sin 関数の値を 0 度から 360 度まで 10 度刻みで計算している．ただし sin() の引数はラジアンで与える必要があるので，円周率を与える記号定数 M_PI を用いて適宜変換している．なお記号定数 M_PI は，math.h ヘッダファイル内で定義されている．

```
/* sin.c プログラム     */
/* 三角関数 (sin) の計算*/
#include <stdio.h>
#include <math.h>

int main()
{
 int i;                                /*繰り返し回数を数えるカウンタ*/

 printf("theta¥tsin(theta)¥n") ;
 for(i=0;i<=360;i=i+10){               /*0 度から 360 度*/
  printf("%d¥t%lf¥n",i,sin(2.0*M_PI*i/360.0)) ;
 }
}
```

(1) sin.c プログラムのソースコード

```
theta     sin(theta)
0      0.000000
10      0.173648
20      0.342020
30      0.500000
40      0.642788
50      0.766044
60      0.866025
70      0.939693
80      0.984808
90      1.000000
 …     (途中省略)
340      -0.342020
350      -0.173648
360      -0.000000
```

(2) sin.c プログラムの実行結果

図 7.7　数学関数の利用例

数学関数を用いるには，コンパイル時に数学関数ライブラリをリンクするための特別な指示が必要な場合がある．例えば gcc コンパイラでは，図 7.8 に示すように，コンパイル時に-lm という指示（オプション）が別途必要となる場合がある．

-lm オプションにより，数学ライブラリの利用をコンパイラに知らせる．

```
$ gcc sin.c -o sin -lm
```

図 7.8　gcc コンパイラを用いて sin.c プログラムをコンパイルする場合の例

② 数の並びが予想できないような数列を**乱数列**と呼ぶ．C 言語のライブラリには，rand() 関数という乱数列生成関数が用意されている．rand() 関数は，ある計算式に従って乱数列を順に生成する[29]．

rand() 関数の使用方法を図 7.9 に示す．図 7.9 の rand.c プログラムでは，srand() 関数を用いて乱数例の先頭の値を設定している．その後，rand() 関数を呼び出すことで乱数を順に生成している．rand() 関数の戻り値は，0 から RAND_MAX の範囲の整数である．なお記号定数 RAND_MAX は，stdlib.h ヘッダファイル内で定義されている．

rand() 関数の与える乱数列は，計算によって求めた擬似乱数列である．したがって，srand() 関数で設定する初期値が同じであれば，rand() 関数の呼び出しによる乱数列は常に同じものとなる．異なる乱数列を得るため

[29] 計算式によって生成された乱数列は，式の計算によって数の並びが分かってしまうので，厳密には乱数とはいえない．このような乱数列は，疑似乱数列と呼ばれる．

には，srand() 関数による乱数の初期値を変更する必要がある．図 7.9 の rand1.c プログラムでは，二つの異なる初期値を与えることで，異なる乱数列を生成している．

```
/* rand1.c プログラム */
/* rand 関数の利用例   */

#include <stdio.h>
#include <stdlib.h>

#define SEED1  32767             /*乱数列の初期値 1*/
#define SEED2  65535             /*乱数列の初期値 2*/

int main()
{
 int i;                          /*繰り返し回数を数えるカウンタ*/

 /*SEED1 を初期値とする乱数列*/
 srand(SEED1) ;                  /*乱数列の初期化*/
 for(i=0;i<10;++i)               /*10 回の繰り返し*/
  printf("%d¥n",rand()) ;

 printf("¥n") ;

 /*SEED2 を初期値とする乱数列*/
 srand(SEED2) ;                  /*乱数列の初期化*/
 for(i=0;i<10;++i)               /*10 回の繰り返し*/
  printf("%d¥n",rand()) ;

}
```

(1) rand1.c プログラムのソースコード

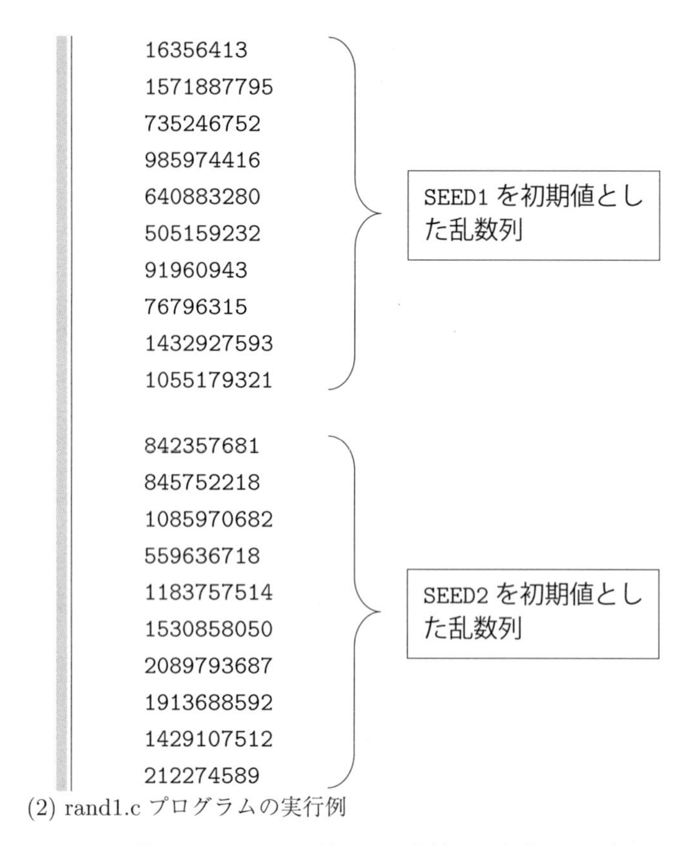

16356413
1571887795
735246752
985974416
640883280
505159232
91960943
76796315
1432927593
1055179321
SEED1 を初期値とした乱数列
842357681
845752218
1085970682
559636718
1183757514
1530858050
2089793687
1913688592
1429107512
212274589
SEED2 を初期値とした乱数列

(2) rand1.c プログラムの実行例

図 7.9　rand() 関数による乱数列の生成プログラム rand1.c

演習問題 7.2

① 図 7.10 に示す sqrtpow.c プログラムを実行すると，どのような出力を得るだろうか．ただし，sqrt() 関数は引数の正の平方根を与える関数であり，pow(x,y) は x の y 乗を与える関数である．

```
/* sqrtpow.c プログラム      */
/* 数学関数の利用例          */
#include <stdio.h>
#include <math.h>

int main()
{
 int x;                          /*繰り返し回数を数えるカウンタ*/

 printf("x sqrt(x) pow(2,x)¥n") ;

 for(x=0;x<=10;++x){
  printf("%d  %lf  %lf¥n",x,sqrt(x),pow(2,x)) ;
```

```
  }
}
```

図 **7.10**　sqrtpow.c プログラム

② 星印と空白を利用して sin 関数のグラフを描くプログラム singraph.c を示せ．singraph.c の実行例を図 7.11 に示す．

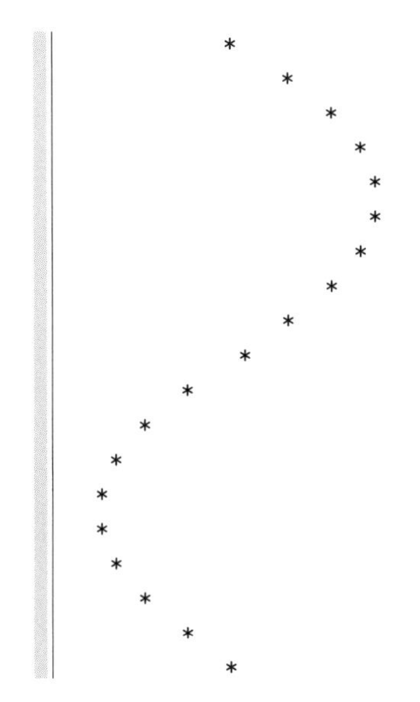

図 **7.11**　singraph.c の実行例

[7 章のまとめ]

① ライブラリ関数は，例えば printf() 関数や scanf() 関数のような，C 言語のシステムにあらかじめ用意されている関数である．

② ライブラリ関数を利用する際には，#include を用いて適切なヘッダファイルを読み込む必要がある．例えばヘッダファイル math.h には，三角関数や対数関数といった一般的な数学関数が宣言されている．

③ 記号定数は，#define という記述を用いて定義することが可能である．

④ C 言語のライブラリには，rand() 関数という乱数列生成関数が用意されている．

第8章　モジュールによるプログラムの構成

[この章のねらい]

　本章では，C 言語におけるプログラムの構成方法について説明します．特に，複数のファイルに関数が分散して配置される場合の取り扱いや，変数の有効範囲について説明します．

[この章で学ぶ項目]

分割コンパイル
変数の種類と性質

8.1 分割コンパイル

基本事項のまとめ

① プログラミング言語のコンパイラは，**ソースコード**から**機械語プログラム**を生成する．この過程は，図8.1に示すような複数の段階を経て実行される．

コンパイラはソースコードを受け取ると，ソースコードから**オブジェクトモジュール**を生成する．このとき生成されるオブジェクトモジュールは，ソースファイル内で記述されたソースコードを機械語プログラムに変換した結果である．したがって，ここで生成されたオブジェクトモジュールには，ライブラリ関数に対応するオブジェクトモジュールは含まれていない．このため，このままでは完全な機械語プログラムにはならない．

そこで次に，生成したオブジェクトモジュールとあらかじめ用意されているライブラリ関数のオブジェクトモジュール等を結合することで，完全な機械語プログラムを生成する．この結合操作を**リンク**と呼ぶ．リンクが終了すると，一つの完全な機械語プログラムができあがり，コンパイル作業が終了する．

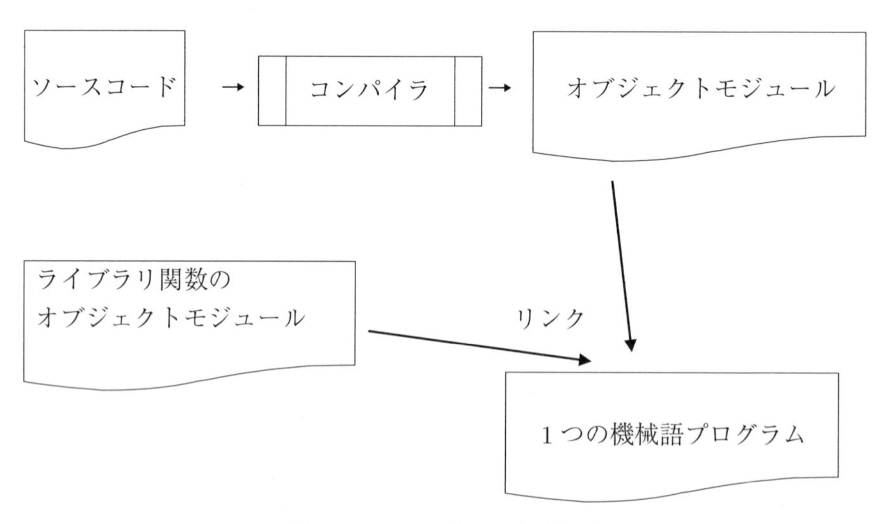

図 8.1 コンパイラの作業過程

② C言語では，一つのプログラムを複数のファイルに分割して格納し，それぞれのファイルを別々にコンパイルしてから最後に一つにまとめることができる．これを**分割コンパイル**と呼ぶ．分割コンパイルは，ある程度規模の大きいプログラムの開発を複数人で協力して行う際に特に有効である[30]．

30) 一般に，実用的なソフトウェアシステムの開発では，複数の開発者がチームを組んでプログラムを開発するのが普通である．

図 8.2 に分割コンパイルによるプログラム生成の例を示す．図では，3 つのファイル pro1.c, pro2.c および pro3.c にプログラムを分割して格納している．それぞれのファイルには複数の異なる関数が格納されており，全体として一つのプログラムを形成している．このため，main() 関数は全体を通して一つしか含むことができない．

pro1.c, pro2.c および pro3.c のそれぞれのファイルは，個別にコンパイルすることができる．それぞれのコンパイル結果は完全な機械語プログラムではなく，機械語プログラムの一部である．これを，オブジェクトモジュールと呼ぶ．複数のオブジェクトモジュールから完全な機械語プログラムを得るためには，複数のオブジェクトモジュールをリンクする必要がある．

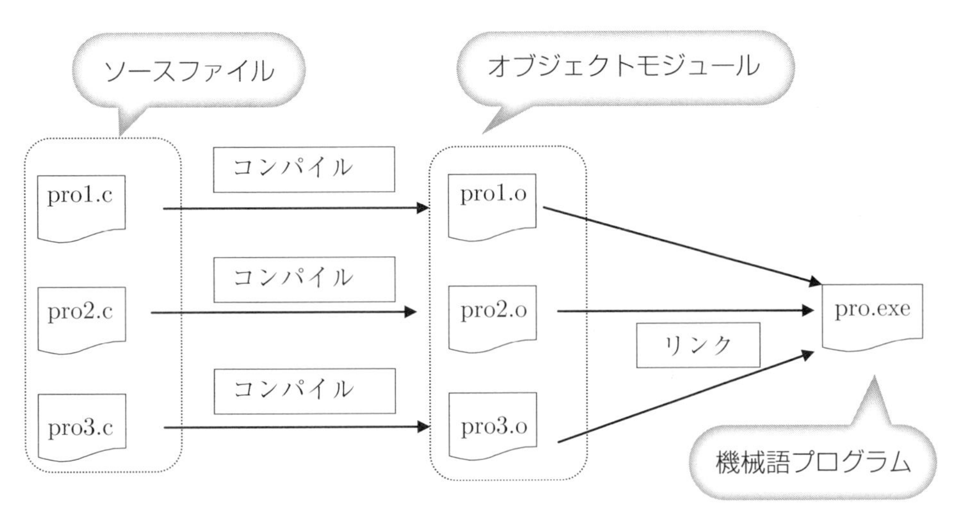

図 **8.2** 分割コンパイルの実行例

例題 8.1

利用可能な開発環境において，分割コンパイルにより，図 8.3 に示した三つのソースファイルから完全な機械語プログラムを作成せよ [31]．

[31] 図 8.2 の例はナンセンスなほど小規模なプログラムの例であり，あくまで分割コンパイルの理解のための例題として示しているに過ぎない．

☞ 解答と解説

図 8.3 の例では，三つのソースファイル pro1.c, pro2.c および pro3.c から，一つの機械語プログラムを生成する．C 言語では一つのプログラムには main() 関数は一つしか含むことができない．図 8.3 の例では，main() 関数は pro1.c ファイルに格納されている．残り二つのファイル pro2.c および pro3.c には，f1() 関数と f2() 関数がそれぞれ格納されている．分割コンパイルでは，それぞれのソースファイルをコンパイルした後，全体をリンクして一つの機械語

```
#include <stdio.h>

/*関数のプロトタイプの宣言*/
void f1() ;
void f2() ;

/*main() 関数*/
int main()
{

 printf(“main 関数 ¥n”) ;
 f1() ;                      /*関数 f1() の呼び出し*/
 f2() ;                      /*関数 f2() の呼び出し*/

}
```

(1) pro1.c

```
#include <stdio.h>
void f1()
{
 printf(“f1() 関数 ¥n”) ;
}
```

(2) pro2.c

```
#include <stdio.h>
void f2()
{
 printf(“f2() 関数 ¥n”) ;
}
```

(3) pro3.c

図 **8.3**　3 つのソースファイル pro1.c, pro2.c および pro3.c

プログラムにまとめ上げる必要がある．

分割コンパイルの具体的な方法は，環境によってそれぞれ異なる．gcc を使って分割コンパイルする例を図 8.4 に示す．機械語プログラムの名称はソースファイルの名称とは独立に決めることができるが，ここでは pro という名前を使っている．

```
C:¥Users¥odaka> gcc -c pro1.c -o pro1.o
C:¥Users¥odaka> gcc -c pro2.c -o pro2.o
C:¥Users¥odaka> gcc -c pro3.c -o pro3.o
C:¥Users¥odaka> gcc pro1.o pro2.o pro3.o -o pro
C:¥Users¥odaka> pro
main 関数
f1() 関数
f2() 関数
C:¥Users¥odaka >
```

pro1.c から pro1.o を生成.
pro2.c から pro2.o を生成.
pro3.c から pro3.o を生成.
機械語プログラム pro の実行.
pro1.o〜pro3.o をリンクして，完全な機械語プログラム pro を生成.

図 8.4 分割コンパイルの操作例

演習問題 8.1

① 分割コンパイルの仕組みは，複数人のチームで一つのプログラムを開発する際に役立つ．それはなぜか説明せよ．

② ソースコードを複数のファイルに格納する分割コンパイルの仕組みは，1人で一つのプログラムを開発する際にも有用である．それはなぜか説明せよ．

③ 第 5 章例題 5.2 で示した printa.c プログラムを次のように 2 つのファイル printamain.c および printaline.c に分割し，分割コンパイルによって一つの機械語プログラムを生成せよ．

```
/* printa.c プログラム    */
/* void 型の戻り値の例    */

#include <stdio.h>
/*関数のプロトタイプの宣言*/
void printline(int i) ;

/*main 関数*/
int main()
{
 int i;                         /*繰り返し回数を数えるカウンタ*/

 for(i=1;i<=10;++i)
  printline(i) ;

}
```

(1) printamain.c ファイル

```
#include <stdio.h>

/* 関数 printline()  */
void printline(int upperlimit)
{
 int i ;

 for(i=0;i<upperlimit;++i)
  printf("*") ;
 printf("¥n") ;

}
```

(2) printaline.c ファイル

図 **8.5**　2つのファイルから構成する printa.c プログラム

8.2　変数の種類と性質

① C 言語の変数には，関数内部で定義し関数内だけで有効となる**自動変数**のほかに，関数外で定義してソースファイル内のすべての関数で利用可能な**外部変数**[32] がある．外部変数は，変数定義の後に表れるすべての関数内で利用可能である．これに対して，自動変数はある関数の内部でのみ利用可能である．自動変数のような変数を一般に**ローカル変数**と呼ぶ．これに対して外部変数のような変数は，一般に**グローバル変数**と呼ぶ．

32) 外部変数は，明示的に初期値を与えないと自動的に 0 に初期化される．これに対して，明示的に初期化していない自動変数の初期値は不定である．

図 8.6 に，外部変数と自動変数の**有効範囲（スコープ）**の例を示す．図で，変数 ext は int 型の外部変数である．したがって変数 ext は，main()

```
#include <stdio.h>

int ext ;                        /*外部変数（グローバル変数）*/

int main()
{
 int i ;                         /*自動変数（ローカル変数）*/

  …
}


void func()
{
 int i;                          /*自動変数（ローカル変数）*/

  …
}
```

図 **8.6**　自動変数（ローカル変数）と外部変数 (グローバル変数)

関数や func() 関数内で利用可能である．これに対して，main() 関数内で定義されている変数 i は，自動変数であるので main() 関数の内部のみで利用可能である．func() 関数にも同じ名前の変数 i が定義されているが，この i は func() 関数内部のみで利用可能である．したがって，main() 関数の変数 i と，func() 関数の変数 i は，同じ名前だが別の変数として扱われる．

② 自動変数は関数が存在する間のみメモリ上に領域が確保される．このため，関数呼び出しを複数回繰り返すと，自動変数はそのつど異なる変数としてメモリ上に配置され，前回の関数呼び出しの際に保持していた値は捨てられてしまう．

前回呼び出された際の変数の値を保持しておくためには，変数を**静的変数**として定義する必要がある．ローカル変数を静的変数として定義するには，ローカル変数の定義時にキーワード static を追加すればよい（図 8.7）．このようにして定義した静的変数は，プログラムの開始時に 1 度だけ初期化され，その後プログラムの終了時まで存在し続ける．

```
int func()
{
 int i ;                    /*自動変数*/
 static int result=0 ;      /*静的変数*/
  …
}
```

図 8.7 自動変数と静的変数の定義

③ ソースコードを複数のファイルに分割して格納した場合の外部変数の有効範囲は，外部変数の定義または宣言の方法によって異なる．すでに述べたように，外部変数を定義したファイル内では，変数定義後に現れるすべての関数内で外部変数を利用することができる．これに対して，他のファイルで定義した外部変数を利用するためには，変数を利用ファイル内で外部変数を宣言する必要がある．

例えば図 8.8 では，proa.c ソースファイルで定義した変数 i を，prob.c および proc.c ソースファイルから利用している．この場合には，prob.c および proc.c ソースファイル内で，次のように変数 i を宣言する必要がある．

```
extern int i ;
```

このようにキーワード extern を伴って変数を定義すると，別のファイルで定義した変数 i を利用することができるようになる．逆に，もし外部

```
#include <stdio.h>

/*関数のプロトタイプの宣言*/
void fa() ;
void fb() ;

/*外部変数の定義*/
int i=100 ;

/*main() 関数*/
int main()
{
 printf( “%d¥n” ,i) ;
 fa() ;
 fb() ;
}
```

(1) proa.c

```
#include <stdio.h>
/*外部変数の宣言*/
extern int i ;

void fa()
{
 printf( “%d¥n” ,i) ;
}
```

(2) prob.c

```
#include <stdio.h>
/*外部変数の宣言*/
extern int i ;

void fb()
{
 printf( “%d¥n” ,i) ;
}
```

(3) proc.c

```
100
100
100

main() 関数からの出力
fa() 関数からの出力
fb() 関数からの出力
```

(4) プログラムの実行結果

図 8.8　外部変数の有効範囲の例

変数の有効範囲を定義したファイルに限定したければ，外部変数の定義時にキーワード static を追加すればよい．

例題 8.2

図 8.9 に示した staticfunc.c プログラムを実行した場合の実行結果を示せ．特に，sfunc() 関数内部の変数 i が静的変数であることに注意すること．

```
/*staticfunc.c プログラム*/
/*静的変数の利用例*/

#include <stdio.h>

/*関数のプロトタイプの宣言*/
int sfunc() ;
int dfunc() ;

/*main() 関数*/
int main()
{
 int i ;

 for(i=0;i<5;++i){
  printf("%d 回目 ¥n",i) ;
  printf(" sfunc:%d¥n",sfunc()) ;
  printf(" dfunc:%d¥n",dfunc()) ;
 }
}

/*sfunc() 関数*/
int sfunc()
{
 static int i=10 ;

 ++i ;
 return  i;
}

/*dfunc() 関数*/
int dfunc()
{
 int i=10 ;

 ++i ;
 return  i;
}
```

図 8.9 staticfunc.c プログラム

☞ 解答と解説

staticfunc.c プログラムの実行結果は，図 8.10 のようになる．図のように，sfunc() 関数の戻り値は 11 から 1 ずつ増えて行くが，dfunc() 関数の戻り値は 11 のままである．これは，静的な変数と自動変数の挙動の違いによるものである．

sfunc() 関数では静的変数である変数 i に値を保存している．静的変数はプログラムの開始時に一度だけ初期化され，プログラム終了時まで持続的に存在し続ける．このため，変数 i はプログラム開始時に 1 度だけ 10 に初期化され，その後は sfund() 関数が呼び出されるたびに 1 だけインクリメントされる．結果として，プログラム実行に伴って出力値が増加する．

これに対して dfunc() 関数内の変数 i は自動変数であり，dfunc() 関数が呼び出されるたびに定義しなおされて初期化される．このため，何度 dfunc() 関数を呼び出しても常に同じ値を得る結果になる．

```
0 回目
 sfunc:11
 dfunc:11
1 回目
 sfunc:12
 dfunc:11
2 回目
 sfunc:13
 dfunc:11
3 回目
 sfunc:14
 dfunc:11
4 回目
 sfunc:15
 dfunc:11
```

図 **8.10**　staticfunc.c プログラムの実行結果

演習問題 8.2

① 図 8.8 の proa.c, prob.c および proc.c をコンパイルして，proabc という名称の機械語プログラムを作成せよ．この際に，prob.c および proc.c ファイルに含まれる外部変数の宣言

```
extern int i ;
```

を削除するとどうなるだろうか．

② 外部変数を用いると，引数や戻り値の仕組みを使わなくとも関数間でデータを共有することが可能である．これは便利だが弊害も大きい．なぜだろうか．

[8 章のまとめ]

① コンパイラがソースコードから機械語プログラムを生成する際には，まずソースコードからオブジェクトモジュールを生成し，次に複数のオブジェクトモジュールをリンクして完全な機械語プログラムを生成する.

② C 言語では，一つのプログラムを複数のファイルに分割して格納し，それぞれのファイルを別々にコンパイルしてから最後に一つにまとめることができる．これを分割コンパイルと呼ぶ.

③ 変数には，関数内部で定義し関数内だけで有効となる自動変数の他に，関数外で定義してソースファイル内のすべての関数で利用可能な外部変数がある．外部変数は，複数のソースファイルに渡って共通に利用することもできる.

④ ある関数で前回呼び出された際の変数の値を保持しておくためには，変数を静的変数として定義する.

第9章　ポインタ

[この章のねらい]

　本章では，ポインタというデータ表現を取り上げます．一般に，プログラミング言語で利用されるデータは，コンピュータのメモリ（主記憶装置）に格納されます．メモリに格納されたデータは，メモリ上の格納場所をあらわす数値であるアドレス（番地）によって区別されます．C 言語のポインタは，メモリのアドレスを抽象化したデータ表現です．以下では，ポインタの概念を紹介し，ポインタが必要とされる場合の例を説明します．

[この章で学ぶ項目]

ポインタとは
ポインタの利用

9.1 ポインタとは

基本事項のまとめ

① 一般にプログラミング言語における変数や処理手続きは，メモリ上のある領域に格納される．C 言語の**ポインタ**は，変数や関数が格納されているメモリ上のアドレスを扱うための仕組みである．後述するように C 言語では，配列や文字列定数，関数呼び出しや関数呼び出しにおける値の引き渡しなど，さまざまな言語機能の実現にポインタの仕組みを利用している．
　ある変数の格納アドレスに関する情報を格納する変数を，ポインタ変数と呼ぶ．ポインタ変数は，次のようにして定義する．

```
int *ptr ;    /*int 型の変数へのポインタ*/
```

ここで変数 ptr は，別の int 型変数が格納されているアドレスに関する情報を格納することができるポインタ変数である[33]．

33) 変数 ptr はあくまでポインタに関連する情報を格納する変数であり，int 型の値を格納するための変数ではない点に注意せよ．

ある変数の格納アドレスに関する情報を得るためには，記号&を用いる．例えば int 型の変数 i の格納アドレスに関する情報を取得し，ポインタ変数 ptr に格納するには次のように記述する．

```
int i ;        /*int 型の変数 i*/
int *ptr ;     /*int 型の変数へのポインタ*/

ptr=&i ;       /*変数 i の格納アドレスに関する情報が，ポインタ変数 ptr
                 に代入される*/
```

上記の代入文により，変数 i の格納アドレスに関する情報が，ポインタ変数 ptr に代入される．

ポインタ変数 ptr に格納された情報を用いると，変数 i の持つ情報を読み書きすることができる．このためには，演算子*をポインタ変数の変数名の前に記述する．例えば次の例では，ポインタ変数 ptr を用いて変数 i に格納された値を読み出し，その値を printf() 関数を用いて出力している．

```
int i ;                    /*int 型の変数 i*/
int *ptr ;                 /*int 型の変数へのポインタ*/

ptr=&i ;/*変数 i の格納アドレスに関する情報がポインタ変数 ptr に代入され
        る*/
i=10 ;                     /*変数 i に 10 を代入*/

printf(“変数 i の値:%d¥n”,*ptr) ;/*ポインタを使って変数 i の格納
                                   情報を取得する*/
```

上記のプログラムコードを実行すると，printf() 関数によって次のように値が出力される．

```
変数 i の値:10
```

これは，*ptr という記述によって，ポインタ変数 ptr に格納されたアドレスに関する情報を用いて，変数 i に格納された情報を読み出した結果である．

ポインタ変数を用いて，他の変数に情報を書き込むこともできる．例えば次の例では，変数 i に値を代入するのに，ポインタ変数 ptr に格納されたアドレス情報を利用している．

```
ptr=&i ;/*変数 i の格納アドレスに関する情報がポインタ変数 ptr に代入され
        る*/
*ptr= 20 ;             /*20 を変数 i の格納領域に代入*/
printf(“変数 i の値:%d¥n”,i) ;
```

上記のプログラムコードを実行すると，printf() 関数によって次のように値が出力される．

```
変数 i の値:20
```

この例では，ptr に格納された変数 i のアドレス情報を用いて，変数 i のメモリ領域に 20 を書き込んでいる．このため，printf() 関数を用いて変数 i の値を出力すると，ポインタ変数を用いて与えられた値である 20 が出力される．後述するように，この仕組みを用いると関数呼び出しにおける参照による呼び出しを実現することができる．

② C 言語の配列は，ポインタの仕組みを使って実装されている[34]．配列名は，ある特定のメモリ番地を指し示すポインタである．また，配列要素を指定するカッコ [] は，配列の先頭番地からどれだけ離れた場所に要素が格納されているかを計算するための言語要素である．

34) 実は，配列で記述できることはすべてポインタの枠組みで記述可能である．配列の方が分かりやすいという点を除くと，配列はポインタで置き換えることが可能である．

例えば，次のような配列とポインタ変数を考える．

```
int ary[]={3,4,5,6,7} ;      /*int 型の配列*/
int *ptr ;                   /*int 型の変数へのポインタ*/
```

ここで，配列名 ary はポインタなので，次のような代入が可能である．

```
ptr=ary ;          /*配列先頭を指し示すポインタ情報を代入*/
```

ポインタ変数 ptr に格納された情報は配列 ary[] の先頭要素を指し示しているので，次のように出力すると，いずれも配列の先頭要素である 3 を出力する．

```
printf(“%d %d¥n”,ary[0],*ptr) ;

→出力結果　　3　3
```

さらに，ポインタ変数 ptr に 1 を加えて上記と同様に値を出力すると，2 番目の要素である 4 を出力する．

```
printf(“%d %d¥n”,ary[1],*(ptr+1)) ;

→出力結果　　4　4
```

このような計算が可能であるのは，ポインタは単なるアドレス値ではなく，変数の型等に関する情報も含んでいるためである．

なお，配列の名前はポインタの定数であり，変数ではない．したがって内容を変更することはできず，配列名に対して他のポインタの値を代入することはできない．

C 言語では，配列以外にもポインタの仕組みを利用している言語要素がある．例えば関数名は関数へのポインタである [35]．また，文字の並びである文字列を表現する際にも，配列やポインタを利用する．文字列の表現については 10 章で改めて取り上げる．

35) したがって，複数の関数名をポインタ変数の配列に格納しておいて，配列の添字指定によって呼び出す関数を切り替えるような処理を記述することも可能である．

例題 9.1

図 9.1 に示した ptr1.c プログラムの出力を示せ．

```
/* ptr1.c プログラム   */
/* ポインタの利用方法 */

#include <stdio.h>

/*main 関数*/
int main()
{
 int i ;               /*int 型の変数 i*/
 int *ptr ;            /*int 型の変数へのポインタ*/

 ptr=&i ;
 i=5 ;

 printf("%d¥n",i) ;
 printf("%d¥n",*ptr) ;

 *ptr=20 ;
 printf("%d¥n",i) ;
 printf("%d¥n",*ptr) ;

}
```

図 9.1　ptr1.c プログラム

☞ 解答と解説

図 9.2 に出力結果を示す．図 9.2 で，4 行の出力はいずれも変数 i に格納された数値である．このうち最初の 2 行は，出力時点で変数 i に格納されていた値である 5 が出力される．その後，ポインタを用いて変数 i に 20 を上書きしているので，後の 2 行では変数 i の値として 20 が出力されている．

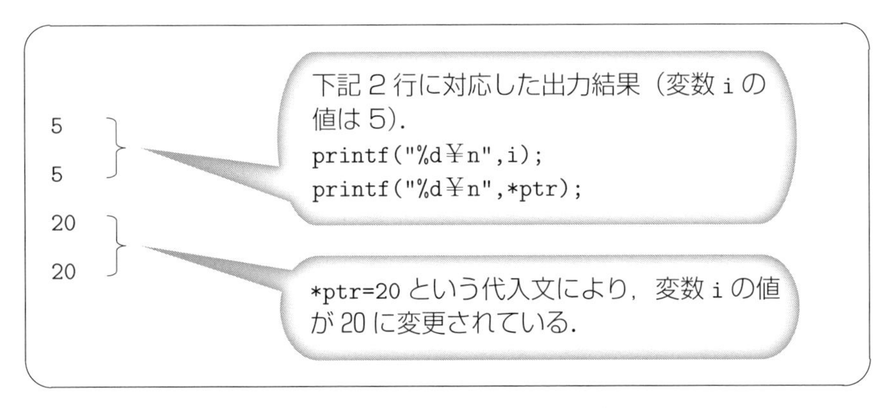

図 **9.2** ptr1.c プログラムの出力

演習問題 9.1

① 図 9.3 の ary.c プログラムを実行すると，どのような出力結果を得るか．

```
/* ary.c プログラム      */
/* ポインタと配列の関係*/

#include <stdio.h>

/*main 関数*/
int main()
{

 int ary1[]={3,4,5,6,7,8,9,10} ;    /*int 型の配列*/
 int ary2[]={10,20,30,40} ;         /*int 型の配列*/
 int *ptr ;                         /*int 型の変数へのポインタ*/

 ptr=ary1 ;
 printf("%d¥n",*(ptr+2)) ;

 ptr=ary2 ;
 printf("%d¥n",*(ptr+2)) ;

}
```

図 **9.3** ary.c プログラム

② 図9.4のptr2.cプログラムには誤りがある．このため，期待した出力結果を得ることができない．誤りを指摘し，正しく修正せよ．

```
/* ptr2.c プログラム                   */
/* このプログラムには誤りがあります */

#include <stdio.h>

/*main 関数*/
int main()
{
 int i ;                     /*int 型の変数 i*/
 int *ptr ;                  /*int 型の変数へのポインタ*/

 ptr=&i ;
 i=5 ;
 printf("%d¥n",*ptr) ;
 i=10 ;
 printf("%d¥n",*ptr) ;
 ptr=20 ;
 printf("%d¥n",*ptr) ;

}
```

(1) ptr2.c プログラムのソースコード (誤りを含む)

```
5
10
20
```

(2) ptr2.c プログラム
期待した出力結果 (上記のソースコードには誤りがあるため，この結果を得ることはできない)

図 9.4　ptr2.c プログラム (誤りを含む)

9.2　ポインタの利用

基本事項のまとめ

① 5章で述べたように，C言語における関数呼び出しでは，関数に与える引数の値は，値のみをコピーしてパラメタに代入する．したがって，呼び出された関数側でパラメタを操作しても，引数の値は変化しない．このように，関数呼び出しに際して値のコピーを関数に与える方法を，**値による呼び出し**と呼ぶ．

これに対し，関数の引数にポインタを用いると，呼び出された関数で呼び出し元の変数を操作することができる．この方法を**参照による呼び出し**[36]と呼ぶ．これは，引数として渡されたポインタに含まれるアドレス情報を用いることで，呼び出された関数から呼び出し元の引数を直接読み書きすることで実現できる．

36) 参照による呼び出しでは，呼び出された関数側で呼び出した側の変数の内容を勝手に変更することができる．このため，呼び出し側と呼び出された側の関数が密接に関係し合うこととなり，プログラムが分かりにくくなってしまう危険性がある．したがって，参照による呼び出しは，必要最小限の利用に留めるべきである．

参照による呼び出しの例を図 9.5 に示す．図で，関数 func() は引数として int 型変数へのポインタを受け取る．main() 関数から func() 関数を呼び出す際，main() 関数内で定義されている変数 i のアドレス情報を引数として関数を呼び出している．その後，呼び出された func() 関数内で，パラメタ ptr に格納された変数 i のアドレス情報を使って，変数 i の値を上書きしている．これにより，関数 func() の呼び出し前後で，変数 i に格納された値が変化している．

```
/* ref.c プログラム          */
/* 参照による呼び出しの例   */

#include <stdio.h>
/*関数のプロトタイプの宣言*/
void func(int *ptr) ;         /*ポインタを受け取る関数*/

/*main 関数*/
int main()
{
 int i ;                      /*int 型の変数 i*/

 i=5 ;

 printf("関数呼び出し前 ¥n") ;
 printf("i=%d¥n",i) ;         /*変数 i の値は 5*/
 func(&i) ;                /*変数 i のアドレス情報を引数とする*/
 printf("関数呼び出し後 ¥n") ;
 printf("i=%d¥n",i) ;         /*関数呼び出し後の値を出力*/

}

/*func() 関数*/
void func(int *ptr)
{
 /*ポインタを使って引数を書き換える*/
 *ptr=10 ;
}
```

(1) ref.c プログラムのソースコード

```
関数呼び出し前
i=5
関数呼び出し後
i=10

変数 i に格納された値が変化している
```

(2) ref.c プログラムの実行結果

図 9.5 参照による呼び出しの例（ref.c プログラム）

参照による呼び出しを利用した例として，scanf() 関数による入力処理がある．scanf() 関数は入力された値を引数に格納する必要があるが，値による呼び出しでは呼び出し側の引数に値を格納することはできない．そこで scanf() 関数を呼び出す際には，変数へのポインタを引数とする必要がある．呼び出された scanf() 関数は，パラメタに格納されたアドレス情報を使って，呼び出し側の変数に値を格納する．この処理を行うため，scanf() 関数の第2引数には&記号を前置することで，変数へのポインタを引数とする（図 9.6）．

```
/*scanf() 関数呼び出し側の処理*/
    int var ;

    scanf( “%d”,&i) ;
    …
```

```
/*scanf() 関数の内部処理*/
     /*パラメタ var に変数 i のアドレス情報がコピーされているとする*/
     /*変数 inputdata に入力データを取得*/
     …
    *var=inputdata ;     /*入力データを呼び出し側の引数に代入*/
```

図 9.6 scanf() 関数における参照による呼び出し

② 配列の名前はポインタなので，関数の引数に配列名を与えると，参照による呼び出しが行われる．したがって，引数として指定した配列は，呼び出された関数内部で任意に書き換えることができる．

例えば図 9.7 に示す ary2.c プログラムにおいて，func2() 関数は引数として配列を受け取る．ここで，図のように func2() 関数内部でパラメタ ary[] の値を変更すると，実行結果に示したように，呼び出し側の引数である array[] 配列の内容が変更される．

```
/* ary2.c プログラム                        */
/* 配列を引数とした関数呼び出しの例   */

#include <stdio.h>
/*関数のプロトタイプの宣言*/
void func2(int ary[]) ;               /*配列を受け取る関数*/

/*main 関数*/
int main()
{
 int array[]={2,4,6,8,10} ;          /*int 型の配列*/


 printf("関数呼び出し前 ¥n") ;
 printf("array[0]=%d¥n",array[0]) ;
 printf("array[2]=%d¥n",array[2]) ;
 func2(array) ;/*関数呼び出し*/
 printf("関数呼び出し後 ¥n") ;
 printf("array[0]=%d¥n",array[0]) ;
 printf("array[2]=%d¥n",array[2]) ;

}

/*func2() 関数*/
void func2(int ary[])
{
 /*配列の要素を書き換える*/
 ary[0]=10 ;
 ary[2]=50 ;
}
```

(1) ソースコード

```
関数呼び出し前
array[0]=2
array[2]=6
関数呼び出し後
array[0]=10
array[2]=50
```

(2) 実行結果

図 **9.7**　ary2.c プログラム

例題 9.2

図 9.8 に示す swap.c プログラムの実行結果を示せ.

```
/* swap.c プログラム*/

#include <stdio.h>
/*関数のプロトタイプの宣言*/
/*swap() 関数*/
void swap(int *ptra,int *ptrb) ;

/*main 関数*/
int main()
{
 int data1,data2 ;           /*int 型の変数*/

 /*変数への初期値の設定*/
 data1=10 ;
 data2=20 ;

 printf("関数呼び出し前 ¥n") ;
 printf("data1=%d  data2=%d¥n",data1,data2) ;
 swap(&data1,&data2) ;      /*swap() 関数の呼び出し*/
 printf("関数呼び出し後 ¥n") ;
 printf("data1=%d  data2=%d¥n",data1,data2) ;

}

/*swap() 関数*/
void swap(int *ptra,int *ptrb)
{
 int temp ;                 /*一時変数*/

 temp=*ptra ;
 *ptra=*ptrb ;
 *ptrb=temp ;
}
```

図 9.8 swap.c プログラム

☞ 解答と解説

swap.c プログラムでは，プログラム内部で変数の値を交換している．この際，swap() 関数の処理に参照による呼び出しを利用している．

swap.c プログラムでは，main() 関数内で定義した int 型変数 data1 および data2 について，以下のように初期化している．

```
/*変数への初期値の設定*/
data1=10 ;
data2=20 ;
```

これらの値は，引き続く二つの printf() 関数の呼び出しによって出力される.

```
printf("関数呼び出し前¥n") ;
printf("data1=%d  data2=%d¥n",data1,data2) ;
```

これらの後，swap() 関数が次のように呼び出される.

```
swap(&data1,&data2) ;    /*swap() 関数の呼び出し*/
```

ここで，swap() 関数の引数はいずれもポインタである.

swap() 関数では，渡されたポインタを用いて，変数の値を交換している．値の交換は，次の三つの代入文により実現される（図 9.9）．一時変数 temp を使って値を保存しておくことで，3 回の代入によって変数の値が交換される.

図 **9.9**　変数の保持する値の交換

swap() 関数の処理が終了して main() 関数に戻ると，再び printf() 関数によって変数の値が出力される．swap() 関数によって値が交換されているので，data1 と data2 の値は逆になっている.

```
printf("関数呼び出し後¥n") ;
printf("data1=%d  data2=%d¥n",data1,data2) ;
```

以上の過程を総合すると，swap.c プログラムの出力は次のようになる.

```
関数呼び出し前
data1=10  data2=20
関数呼び出し後
data1=20  data2=10
```

演習問題 9.2

① 図 9.10 に示した ary3.c プログラムの実行結果を示せ.

```
/* ary3.c プログラム                    */
/* 配列を引数とした関数呼び出しの例 2 */

#include <stdio.h>
/*関数のプロトタイプの宣言*/
void func3(int ary[]) ;           /*配列を受け取る関数*/

/*main 関数*/
int main()
{
 int array[]={2,4,6,8,10} ;       /*int 型の配列*/
 int i ;

 /*func3() 関数の呼び出し*/
  func3(array) ;

 for(i=0;i<5;++i)
  printf("array[%d]=%d¥n",i,array[i]) ;

}

/*func3() 関数*/
void func3(int ary[])
{
 int i ;

 for(i=0;i<5;++i)
  ary[i]=ary[i]*ary[i] ;

}
```

図 **9.10**　ary3.c プログラム

② 値による呼び出しと参照による呼び出しを比較し，両者の得失を考察せよ.

[9 章のまとめ]

① ポインタは，変数のアドレス情報を利用して処理を行うための仕組みである.
② C 言語の配列は，ポインタの仕組みを使って実装されている.
③ 関数の引数にポインタを用いると，参照による呼び出しを実現できる.

第10章　文字の表現

[この章のねらい]

本章では，文字の表現方法と，文字の並びである文字列の表現方法を説明します．C 言語には文字列という基本データ型はありません．そこで，文字列は配列を使って表現します．ここではその表現方法と，配列に格納された文字列を操作する方法を示します．

[この章で学ぶ項目]

文字の表現方法
文字列処理

10.1 文字の表現方法

基本事項のまとめ

① C言語の基本データ型であるchar型は，英数字や半角記号を1文字格納するためのデータ型である．char型の変数は整数の一種であり，一般に，格納に要するメモリ領域がint型よりも少ない．

文字定数の表現にはシングルクォート'を用いる．例えば1文字のアルファベット「a」を定数として表現するには，

```
'a'
```

のように記述する．

図10.1に，char型の変数や定数の使用方法を示す．図で，変数chrはchar型の変数である．図に示したchr1.cプログラムでは，chr変数に定数'a'や定数'z'，あるいは改行記号'¥n'[37]等を代入し，これらの値を，第7章で説明したputchar関数を用いて出力している．

37) '¥n'は，¥とnという2文字の文字データではなく，¥nという1文字の文字データである．

図10.1のchr1.cプログラムでは，文字を保持する変数はchar型の変数として定義している．これに対して，プログラムで文字を読み込む場合には，読み込んだ値を保持する変数はint型の変数として定義する．こ

```
/* chr1.c プログラム   */
/* char 型の変数       */

#include <stdio.h>

/*main 関数*/
int main()
{
 char chr ;                        /*char 型の変数*/

 chr='a' ;                         /*'a' を代入*/
 putchar(chr) ;                    /*1 文字出力*/
 chr='z' ;                         /*'z' を代入*/
 putchar(chr) ;                    /*1 文字出力*/
 chr='¥n' ;                        /*改行コードを代入*/
 putchar(chr) ;                    /*1 文字出力*/
 chr='>' ;                         /*'>' を代入*/
 putchar(chr) ;                    /*1 文字出力*/
 chr='¥n' ;                        /*改行コードを代入*/
 putchar(chr) ;                    /*1 文字出力*/

}
```

(1) chr1.cプログラムのソースコード

```
az
>
```

'a' と 'z' を出力し，その後改行記号 '¥n' を出力.
'>' および改行記号 '¥n' を出力.

(2) chr1.c プログラムの実行結果

図 **10.1**　chr1.c プログラム

れは，データを読み込む操作ではファイルの終わりを表す EOF も扱うが，EOF は char 型では表せないデータとして定義されているためである．図 10.2 に，文字の読み込みと出力を繰り返す input4.c プログラムを示す．input4.c プログラムでは，第 7 章で説明した getchar() 関数を用いて読み込んだ値を保持する変数として，int 型の変数である ichr を用いている．

```
/* input4.c プログラム                */
/* int 型の変数による文字データの保持*/

#include <stdio.h>

/*main 関数*/
int main()
{
 int ichr ;                  /*入力値 (int 型であり，char 型ではない) */

 /*入力の繰り返し*/
 while((ichr=getchar())!=EOF){
  /*出力*/
  putchar(ichr) ;
 }
}
```

図 **10.2**　input4.c プログラム

② C 言語には文字列を表現する基本データ型は存在しない．このため，文字列の表現には配列を用いる．図 10.3 に配列による文字列表現の例を示す．

図 10.3 の string1.c プログラムでは，char 型の配列を用意し，配列に文字列を格納している．プログラムでは，はじめに str1[] 配列と str2[] 配列の二つの配列を定義している．定義に際して，str1[] 配列では文字列の初期化を行っている．文字配列の初期化は，次のような記述方法で行う．

```
char str1[10]="string" ;          /*配列の初期化例*/
```

これにより，str1[] 配列の先頭要素から順に，'s','t','r', … が代入される．

```
/* string1.c プログラム   */
/* 文字列の扱い方の例     */

#includ e <stdio.h>

/*main 関数 */
int main()
{
 char str1[10]="string" ;          /* 配列の初期化例 */
 char str2[10] ;                   /*char 型の配列 */

 /*str1[]配列の各要素に文字を代入 */
 str2[0]='a' ;
 str2[1]='b' ;
 str2[2]='c' ;
 str2[3]='¥0' ;                    /* 文字列の終わりの記号 */

 /*文字列の出力 */
 printf("%s¥n%s¥n",str1,str2) ;

}
```

文字配列の初期化.

文字列の終わりを表す記号'¥0'を代入.

(1) string1.c プログラムのソースコード

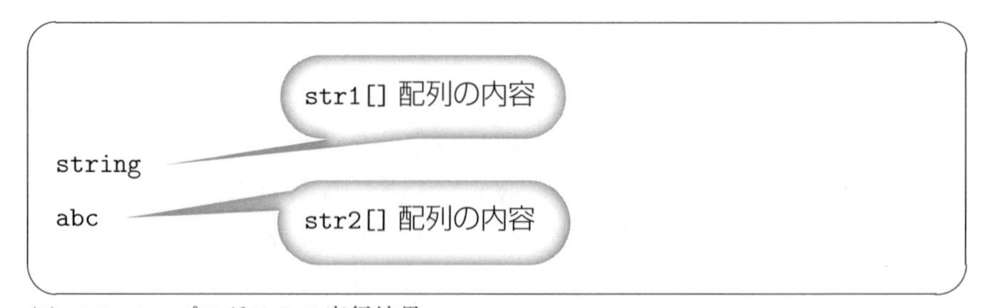

(2) string1.c プログラムの実行結果

図 **10.3**　string1.c プログラム

さらに，最後の'g' を str[5] に代入したあとに，str[6] に文字列の終わりを表す記号である'¥0' が代入される (図 10.4)．文字配列で文字列を表現する場合には，文字列の終わりの印として最後に'¥0' を代入する．文字列を処理する関数 [38] は，この記号を目印として文字列を処理する．

[38] 後述する string.h ヘッダファイルに宣言された文字列操作関数群や，printf() 関数等もこの方法で文字列の終わりを認識する．

str1[] 配列（文字列 "string" を格納）

要素	str1[0]	str1[1]	str1[2]	str1[3]	str1[4]	str1[5]	str1[6]
内容	's'	't'	'r'	'i'	'n'	'g'	'¥0'

文字列の終わりを表す記号 '¥0' を格納する．

図 10.4 文字配列による文字列の表現

string1.c プログラムの str2[] 配列には，1 文字ずつ文字を代入することで文字列を設定している．プログラムで行っている代入による文字列の設定は，文字配列の初期化機能を使えば次のように簡単に記述することが可能である．

```
char str2[10]="abc" ;          /*char 型の配列*/
```

string1.c プログラムでは，文字列の出力に printf() 関数を用いている．ソースコードにあるように，printf() 関数で文字列を出力する場合には，変換仕様の一種である%s 変換を用いる．

文字列をプログラムで読み込む場合には scanf() 関数の%s 変換を用いることができる．図 10.5 に，scanf() 関数による文字列の読み込みと，printf() 関数による文字列の出力を行うプログラム hello.c を示す．

```
/* hello.c プログラム  */
/* 文字列の入力の例   */

#include <stdio.h>
#define LENGTH 256              /*文字列の最大長*/

/*main 関数*/
int main()
{
 char str[LENGTH] ;             /*char 型の配列*/

 /*str[] 配列に文字列を代入*/
 printf("お名前をどうぞ¥n") ;
 scanf("%s",str) ;

 /*文字列の出力*/
 printf("こんにちは%s さん ¥n",str) ;
```

```
}
```

(1) hello.c プログラムのソースコード

```
お名前をどうぞ
odaka
こんにちは odaka さん
```

(2) hello.c プログラムの実行例（下線部はキーボードからの入力）

図 **10.5**　hello.c プログラム

例題 10.1

図 10.6 に示した string2.c プログラムを実行した際の出力結果を示せ.

```
/* string2.c プログラム  */
/* 文字列の扱い方の例    */

#include <stdio.h>
#define LENGTH 256                              /*文字列の最大長*/

/*main 関数*/
int main()
{
 char str[LENGTH]="old string" ;                /*配列の初期化*/

 /*文字と文字列の出力*/
 printf("%s¥n",str) ;
 printf("str[0]=%c¥n",str[0]) ;
 printf("str[5]=%c¥n",str[5]) ;

 /*文字の変更*/
 str[0]='n' ;
 str[1]='e' ;
 str[2]='w' ;

 /*文字と文字列の出力*/
 printf("%s¥n",str) ;
 printf("str[0]=%c¥n",str[0]) ;
 printf("str[5]=%c¥n",str[5]) ;

}
```

図 **10.6**　string2.c プログラム

☞ 解答と解説

string2.c プログラムの実行結果を図 10.7 に示す．結果にあるように，string2.c プログラムでは文字列の一部を書き換えることで，文字列の内容を変更している．

```
old string
str[0]=o
str[5]=t
new string
str[0]=n
str[5]=t
```

図 10.7　string2.c プログラムの実行結果

演習問題 10.1

① 文字の入力を読み込み，入力に含まれる文字'a' の個数を数え上げるプログラム counta.c を作成せよ．図 10.8 に counta.c プログラムの実行例を示す．

図 10.8　counta.c プログラムの実行例（下線部はキーボードからの入力）

② 入力された複数行の文字列を 1 行に結合するプログラム concat.c を作成せよ．図 10.9 に concat.c プログラムの実行例を示す．

```
abc
defghi
jk
123
4567
89
abcdefghijk123456789
```

concat.c プログラムの出力

図 10.9　concat.c プログラムの実行例（下線部はキーボードからの入力）

10.2 文字列処理

基本事項のまとめ

① 文字列は配列なので，文字列をコピーしたり結合したりするためには，配列の要素を 1 つずつ処理しなければならない．例えば図 10.10 で，配列 first[] の内容を配列 second[] にコピーするためには，配列の文字列を含む部分について 1 要素ずつ代入を繰り返す必要がある．そこで図のように，while 文による繰り返し処理を利用して，配列の各要素を一つずつ代入する．

```
char first[LENGTH]="abc" ;        /*代入元*/
char second[LENGTH] ;             /*代入先*/
int i =0 ;

while(first[i]!='¥0'){
  second[i]=first[i] ;            /*要素を代入*/
  ++i ;
}
second[i]='¥0' ;                  /*文字列の終わり*/

printf("%s¥n%s¥n",first,second) ;
```

図 **10.10** 文字列のコピー

② 文字列のコピーや結合は文字列処理において頻繁に行われる典型的な操作である．これを毎回記述するのは煩雑なので [39]，**標準ライブラリの文字列操作関数**を利用するべきである．標準ライブラリには多様な文字列操作関数が用意されている．表 10.1 に，標準ライブラに用意されている文字列操作関数の一部を示す．

39) 単に面倒であるだけでなく，毎回手作業で記述するとバグの原因ともなりやすい．

表 10.1 文字列操作関数（一部）

名称	機能
strncat()	文字列の結合
strncmp()	文字列の比較
strncpy()	文字列のコピー
strlen()	文字列の長さのカウント

C 言語の標準ライブラリに含まれる文字列操作関数を利用するには，**string.h** ヘッダファイルをインクルードする必要がある．図 10.11 に，文字列操作関数の使用例である length.c プログラムを示す．length.c プログラムでは，キーボードから入力された文字列の長さを，文字列操作関数 strlen() を用いて求めている．

```
/* length.c プログラム     */
/* 文字列操作関数の使用例*/

#include <stdio.h>
#include <string.h>          /*文字列操作関数の宣言*/

#define LENGTH 256           /*文字列の最大長*/

/*main 関数*/
int main()
{
 char str[LENGTH] ;          /*char 型の配列*/
 int len ;/*文字列の長さ*/

 /*str[] 配列に文字列を代入*/
 printf("お名前をどうぞ¥n") ;
 scanf("%s",str) ;
 len=strlen(str) ;          /*長さを代入*/

 /*文字数の出力*/
 printf("こんにちは%s さん. ¥n",str) ;
 printf("お名前の文字数は%d 文字です. ¥n",len) ;

}
```

(1) length.c プログラムのソースコード

```
お名前をどうぞ
sato
こんにちは sato さん
お名前の文字数は 4 文字です.

お名前をどうぞ
tanaka
こんにちは tanaka さん.
お名前の文字数は 6 文字です.
```

(2) 実行例（下線部はキーボードからの入力）

図 **10.11**　length.c プログラム

例題 10.2

文字列を読み込んで，あらかじめ設定したパスワードと合致したら OK と出力し，それ以外の場合 NG と出力するプログラム password.c を作成せよ．図 10.12 に password.c プログラムの動作例を示す．

```
パスワードをどうぞ
abc
NG

パスワードをどうぞ
aikotoba
OK

パスワードをどうぞ
aikotobaa
NG
```

図 10.12 password.c プログラムの動作例（下線はキーボードからの入力）

☞ 解答と解説

図 10.13 に password.c プログラムのソースコードを示す．password.c プログラムでは，次のような手順で処理を進めている．

(1) 必要な変数の定義
(2) 文字列の読み込み
(3) 入力された文字列と，パスワード文字列との比較
  (3-1) 文字列が合致したら OK と出力
  (3-2) それ以外なら NG と出力

上記の手順のうち，(3) 文字列との比較には，標準ライブラリに含まれる strncmp() 関数や strlen() 関数を用いるのが便利である．strncmp() 関数は一定の文字数について二つの文字列を比較し，比較結果に応じて表 10.2 のような結果を返す関数である．password.c プログラムでは，strncmp() 関数と前述の strlen() 関数を組み合わせて用いることで，文字列が一致しているかどうかを調べている．

表 10.2 strncmp() 関数の戻り値

第 1 引数 a と第 2 引数 b の大小関係	strncmp() 関数の戻り値
a>b	正の値
a==b	0
a<b	負の値

```
/* password.c プログラム     */
/* 文字列操作関数の使用例*/

#include <stdio.h>
#include <string.h>             /*文字列操作に必要*/

#define PASSWD "aikotoba"       /*パスワード*/
#define LENGTH 256              /*文字列の最大長*/

/*main 関数*/
int main()
{
 char str[LENGTH] ;             /*char 型の配列*/

 /*str[] 配列に文字列を代入*/
 printf("パスワードをどうぞ¥n") ;
 scanf("%s",str) ;

 /*パスワードとの比較*/
 if((strncmp(str,PASSWD,strlen(PASSWD))==0) &&
    (strlen(str)==strlen(PASSWD)))
  /*一致*/
  printf("OK¥n") ;
 else
  /*不一致*/
  printf("NG¥n") ;

}
```

図 **10.13**　password.c プログラムのソースコード

演習問題 10.2

① 文字列を読み取って配列に格納し，配列の最後尾に文字列"!!!" を追加するプログラム adde.c を作成せよ．adde.c プログラムの実行例を図 10.14 に示す．

```
文字列を入力してください
123
123!!!

文字列を入力してください
abcde
abcde!!!
```

図 **10.14**　adde.c プログラムの実行例（下線はキーボードからの入力）

② 標準ライブラリに含まれる文字列操作関数 strlen() と同様の動作をする関数 mystrlen() を作成せよ.

[10章のまとめ]

① C言語の基本データ型である char 型は，英数字や半角記号を1文字格納するためのデータ型である.
② C言語には文字列を表現する基本データ型は存在しない．このため，文字列の表現には配列を用いる.
③ 文字列のコピーや結合等の操作を行う場合には，標準ライブラリの文字列操作関数を利用すると便利である.

第11章　構造体

[この章のねらい]

本章では，構造を持ったデータを作成するための仕組みである構造体を取り上げます．構造体を用いると，型の混在した複数のデータ項目をひとまとめにして取り扱うことができます．実用的なプログラムでは構造体がよく用いられます．これは，実用的なプログラムでは型の混在した複数のデータを扱うことが多いからです．

[この章で学ぶ項目]

構造体とは
構造体の利用

11.1　構造体とは

基本事項のまとめ

① C言語には，複雑なデータ構造を簡潔に表現する手段として，**構造体**が用意されている．構造体は，複数のデータをひとまとめにして取り扱う[40]ことのできる仕組みである．

40) 配列も同様のデータ構造であるが，配列と異なり，構造体では型の異なる変数をひとまとめにして扱うことが可能である．

実用的なプログラムでは複数のデータをひとまとめにして扱う必要がある場合が多いため，構造体が有用である．その例として，以下では，ある個人の名前や年齢などのデータをひとまとめにして扱う構造体を取り上げて説明を進めることにする．

構造体を利用するためには，あらかじめ構造体の形式を宣言する必要がある．構造体の宣言は次のような形式を有する（図11.1）．

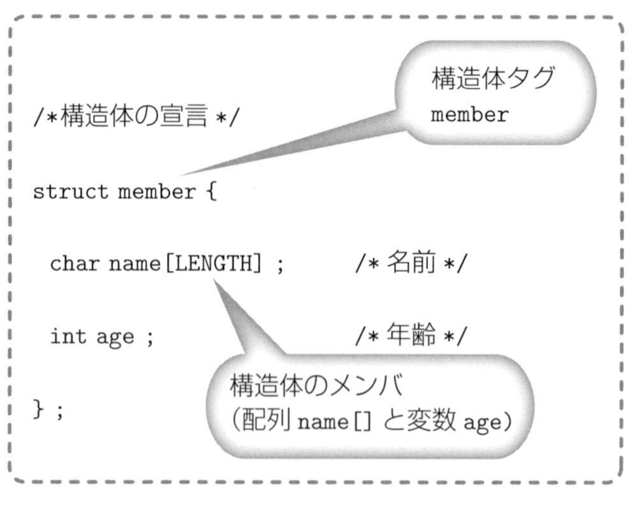

図 **11.1**　構造体の宣言例

図11.1では，文字列と整数をひとまとめにした形式の構造体を宣言し，memberという名前を与えている．この名前を**構造体タグ**と呼ぶ．また，構造体に含まれる個々の変数を構造体の**メンバ**と呼ぶ．図11.1の例では，構造体のメンバは配列name[]と変数ageの，二つの変数である．

構造体を実際に利用するためには，図11.1の宣言に加えて，構造体の定義が必要である．宣言は構造体の形式を示すことであり，定義は宣言に従って構造体をメモリ上に確保する操作[41]である．したがって実際に構造体にデータを格納するためには，宣言とともに定義が必要である．

41) ここで述べた宣言と定義の違いは，構造体以外の変数についても同様である．

図11.2に構造体の定義と利用方法の例を示す．図11.2(1)では，図11.1で宣言したstruct member型の構造体を2つ定義し，それぞれにm1と

m2という名前を与えている．このようにすることでメモリ上にstruct member型の構造体2個が配置され，それぞれをm1およびm2という名前でアクセスすることが可能となる．

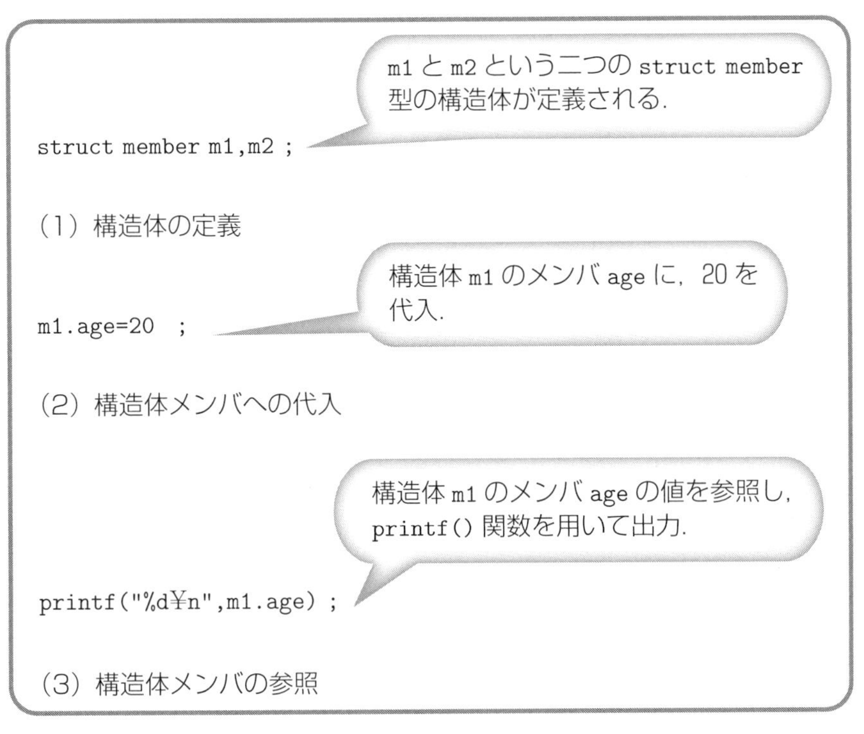

図 11.2 struct member型の構造体の定義と利用方法の例

構造体のメンバを読み書きするには，ピリオド.を使って構造体の名前およびメンバ名をつなげて記述する．このピリオドを，**構造体メンバ演算子**と呼ぶ．

例えば，構造体m1のメンバageに値を代入するには，図11.2 (2) のようにm1.ageと記述する．図11.2 (3) では，同じ記述を使ってm1のageの値を読み出している．このように，構造体の名前とメンバ名を使うことで，これまで扱ってきた普通の変数と同様に構造体のメンバにアクセスすることができる．

② 構造体を用いたプログラムを構成するには，構造体の宣言と定義，および構造体への代入や構造体の参照を組み合わせる必要がある．図11.3に，プログラムでの構造体の利用例を示す．

```
/* namelist.c プログラム */
/* 構造体の利用例 */

#include <stdio.h>

#define LENGTH 256              /*文字列の最大長*/

/*構造体の宣言*/
struct member {
 char name[LENGTH] ;             /*名前*/
 int age ;                       /*年齢*/
};

/*main 関数*/
int main()
{
 struct member no1 ;             /*1 人分の構造体を定義*/

 /*名前と年齢を入力*/
 printf("名前を入力：¥n") ;
 scanf("%s",no1.name) ;
 printf("年齢を入力：¥n") ;
 scanf("%d",&no1.age) ;

 /*入力された情報を表示*/
 printf("名前；%s¥n",no1.name) ;
 printf("年齢；%d¥n",no1.age) ;

}
```

(1) namelist.c プログラムのソースコード

```
名前を入力：
odaka
年齢を入力：
28
名前；odaka
年齢；28
```

(2)　namelist.c プログラムの実行例（下線部はキーボードからの入力）

図 11.3　構造体の利用例 namelist.c プログラム

図 11.3 の namelist.c プログラムでは，図 11.1 に示した struct member 型の構造体 no1 を用いて，名前と年齢を一つの構造体に格納する方法を示している．名前と年齢はそれぞれ異なるデータ型で表現されるが，構造体を用いると一元的に扱うことが可能である．

namelist.c プログラムでは，struct member 型の構造体 no1 を定義し，

scanf() 関数で読み込んだ値を格納している．また，格納した値を printf() 関数を用いて出力している．

namelist.c プログラムでは名前と年齢を 1 人分だけ保存している．これを拡張して，複数の名前と年齢を格納するためには，構造体を要素とする配列を利用すればよい．例えば struct member 型の構造体の配列は，次のように定義する．

```
struct member ml[N] ;          /*N 人分の構造体を定義*/
```

このようにすると，各要素が struct member 型の構造体である配列 ml[] を定義することができる．ml[] の各要素のメンバにアクセスするには，構造体メンバ演算子を用いる．例えば先頭要素のメンバ age に 20 を代入するのであれば，次のように記述する．

```
ml[0].age=20 ;
```

このように，配列の場合でも単独の構造体と同様に，メンバへのアクセスが可能である．

例題 11.1

各要素が struct member 型の構造体である配列 ml[] を用いて，複数の名前と年齢を格納する namelist2.c プログラムを作成せよ．namelist2.c プログラムの実行例を図 11.4 に示す．図のように namelist2.c プログラムでは，名前と年齢の組を複数人数分入力し，入力終了後，それらの情報を出力する．

```
名前を入力：
ieyasu
年齢を入力：
18
名前を入力：
nobunaga
年齢を入力：
26
名前を入力：
hideyosi
年齢を入力：
24
名前を入力：
dousan
年齢を入力：
66
```

```
名前を入力：

入力終了（4 人）
No.1
 名前；ieyasu
 年齢；18

No.2
 名前；nobunaga
 年齢；26

No.3
 名前；hideyosi
 年齢；24

No.4
 名前；dousan
 年齢；66
```

入力終了の記号（Windows ではコントロール Z、linux ではコントロール D）を与えると入力終了となる.

図 **11.4** namelist2.c プログラムの実行例（下線部はキーボードからの入力）

☞ 解答と解説

図 11.5 に，namelist2.c プログラムのソースコードを示す．namelist2.c プログラムでは，先に示した配列 ml[] を用いて，名前や年齢に関する複数の情報を格納する．

```
/* namelist2.c プログラム */
/* 構造体の利用例（2）*/
/* 名簿の作成 */

#include <stdio.h>

#define LENGTH 256             /*文字列の最大長*/

#define N 256                  /*名簿の大きさ */

/*構造体の宣言*/
struct member {
 char name[LENGTH] ;           /*名前*/
 int age ;                     /*年齢*/
};

/*main 関数*/
int main()
{
 struct member ml[N] ;         /*N 人分の構造体を定義*/
 int n=0 ;                     /*名簿に掲載されている人数*/
 int i ;                       /*繰り返しの制御に利用*/

 /*名前と年齢を入力*/
```

```
  printf("名前を入力：¥n") ;
  while(scanf("%s",ml[n].name)!=EOF){
   printf("年齢を入力：¥n") ;
   scanf("%d",&(ml[n].age)) ;
   ++n ;
   printf("名前を入力：¥n") ;
  }
  printf("¥n 入力終了 (%d 人)¥n",n) ;

  /*入力された情報を表示*/
  for(i=0;i<n;++i){
   printf("No.%d¥n",i+1) ;
   printf(" 名前；%s¥n",ml[i].name) ;
   printf(" 年齢；%d¥n¥n",ml[i].age) ;
  }
}
```

図 **11.5** namelist2.c プログラム

演習問題 11.1

① struct member 型を拡張して，名前，年齢，および内線電話番号を格納する struct member2 構造体を次のように宣言する．

```
/*構造体の宣言 */
struct member2 {
  char name[LENGTH] ;        /* 名前 */
  int age ;                  /* 年齢 */
  int telno ;                /* 内線電話番号 */
} ;
```

struct menber2 構造体を用いて名簿を処理する namelist3.c プログラムを作成せよ．namelist3.c プログラムの動作例を図 11.6 に示す．

```
名前を入力：
hideyosi
年齢を入力：
24
内線電話番号を入力：
1536
名前を入力：
ieyasu
年齢を入力：
18
内線電話番号を入力：
```

```
1542
名前を入力：

入力終了（2人）
No.1
 名前；hideyosi
 年齢；24
 電話；1536

No.2
 名前；ieyasu
 年齢；18
 電話；1542
```

入力終了の記号（Windows ではコントロール Z，linux ではコントロール D）与えると入力終了となる

図 11.6　namelist3.c プログラムの実行例（下線部はキーボードからの入力）

② 内線番号から member2 構造体を検索する関数である telnosearch() 関数を作成せよ．telnosearch() 関数は引数として表 11.1 に示す変数を受け取り，検索結果として配列の添字番号を返す関数である．ただし，内線番号が登録されていない場合には，記号定数 NOTFOUND を返すものとする．

表 11.1　telnosearch() 関数の引数

引数	説明
int telno	内線番号
int n	名簿の登録数
struct member2 ml[]	検索対象の構造体

また，telnosearch() 関数を利用して，内線番号から名前や年齢を表示するプログラム namelist4.c を構成せよ．namelist4.c プログラムの実行例を図 11.7 に示す．

```
名前を入力：
hideyosi
年齢を入力：
24
内線電話番号を入力：
1536
名前を入力：
ieyasu
年齢を入力：
18
内線電話番号を入力：
1542
```

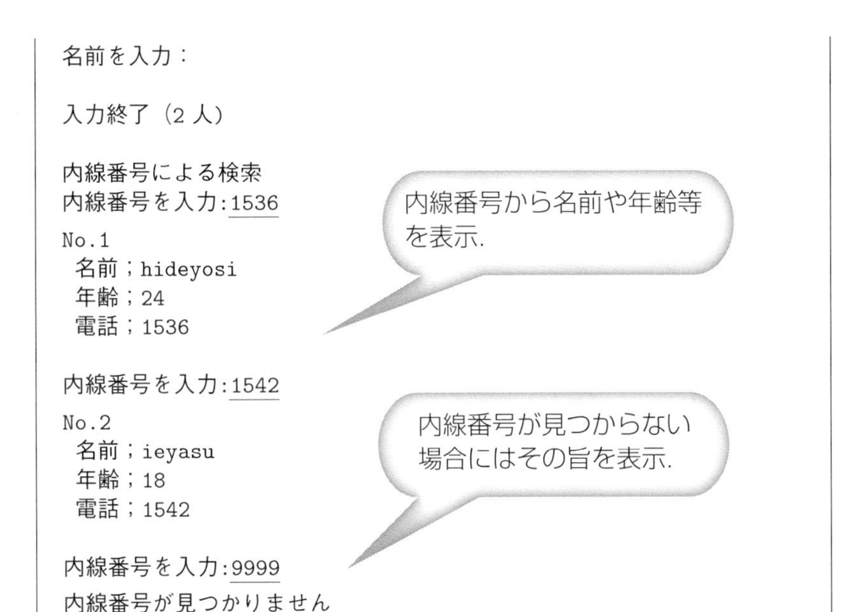

図 11.7 namelist4.c プログラムの実行例（下線部はキーボードからの入力）

11.2 構造体の利用

基本事項のまとめ

① 構造体はさまざまなデータ構造を表現することができる．例えば，構造体に構造体を含むようなデータ構造も表現することもできる．

図 11.8 は，構造体に構造体を含む場合の例である．図 (1) で，struct point 型の構造体は 2 次元平面上のある座標点 (x,y) を表現しており，メンバとして double 型の二つの変数 x と y を含んでいる．さらに，struct particle 型の構造体は，平面上に存在する粒子を表現しており，粒子の位置座標 p と運動速度 v をメンバとして含んでいる．ここで，p と v はそれぞれ struct point 型の構造体である．

図 11.8(2) は構造体の定義例である．また，構造体のメンバを読み書きする例を図 (3) に示す．(3) の例では，メンバへの値の代入や，値の読み出しを行っている．

```
/*平面座標*/
struct point{
 double x ;                    /*x座標*/
 double y ;                    /*y座標*/
} ;

/*粒子*/
struct particle{
 struct point p ;              /*粒子の存在する位置*/
 struct point v ;              /*粒子の運動速度*/
} ;
```

(1) 構造体の宣言

```
struct particle par1 ;       /*粒子を定義*/
```

(2) struct particle 型の構造体を利用するための定義の例

```
par1.p.x=0 ;                  /*値の代入の例*/
printf("%lf¥n",par1.p.y) ;   /*値の参照例*/
```

(3) struct particle 型の構造体のメンバへのアクセスの例

図 11.8　構造体のメンバに構造体を含む場合の例

42) この仕組みは，普通の変数や配列に対する仕組みと同様である．

② 構造体の定義において，メンバに初期値を与えることができる[42]．例えばpar1構造体の定義において図11.9のように記述することで，メンバに初期値を設定することが可能である．図11.9で，初期値として並んでいる四つの数値0，0，0.1，および0.2は，それぞれ，par1.p.xの初期値，par1.p.yの初期値，par1.v.xの初期値およびpar1.v.yの初期値に対応している．

```
struct particle par1={
0,0,0.1,0.2
};      /*粒子を定義*/
```

図 11.9　構造体の定義における初期化の例

例題 11.2

図 11.8 に示した struct particle 型の構造体を用いて，平面を運動する粒子のシミュレーションを行うプログラム particle.c を作成せよ．粒子には初期位置と初速度が与えられ，t=0 から等速直線運動を行うものとする．
particle.c プログラムの処理の流れは次のとおり．

(1) 必要な変数（構造体を含む）の宣言と定義
(2) 粒子の初期位置と初速度の読み込み
(3) 時刻 t=0 から t=LIMIT まで以下を繰り返す
　(3–1) 速度を用いて粒子の位置を更新する
　(3–2) 時刻と粒子の位置を出力する

particle.c プログラムの実行例を図 11.10 に示す．

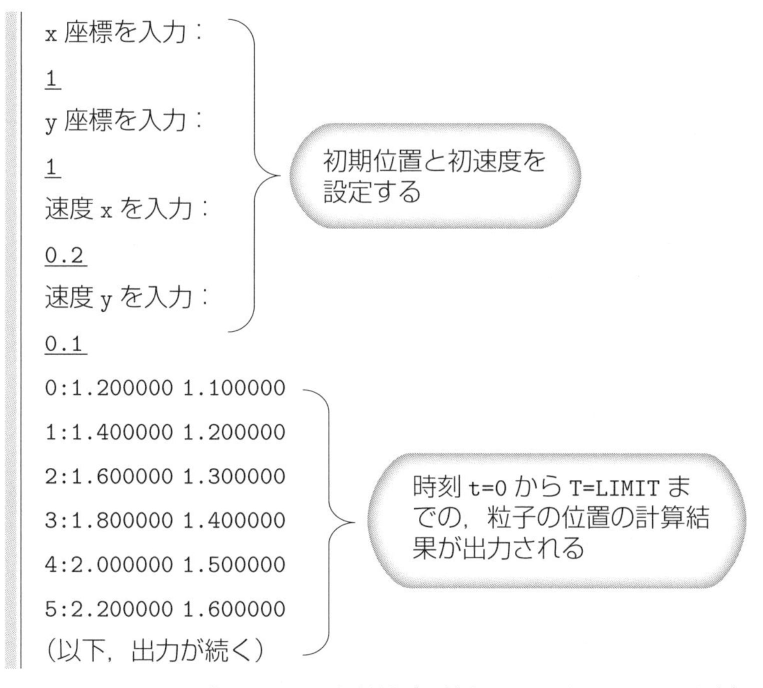

図 11.10　particle.c プログラムの実行例（下線部はキーボードからの入力）

☞ 解答と解説

particle.c プログラムの実装例を図 11.11 に示す．particle.c プログラムでは，struct point 型および struct particle 型の構造体を宣言した上で，粒子を表す構造体 par1 を定義している．main() 関数では，初期値を設定してから，繰り返し処理を用いて粒子の位置を逐次計算して出力する．

```
/* particle.c プログラム */
/* 構造体の応用的な利用例 */

#include <stdio.h>
#define LIMIT 100              /*繰り返しの上限*/

/*構造体の宣言*/
/*平面座標*/
struct point{
 double x ;                    /*x 座標*/
 double y ;                    /*y 座標*/
};

/*粒子*/
struct particle{
 struct point p ;              /*粒子の存在する位置*/
 struct point v ;              /*粒子の運動速度 */
};

/*main 関数*/
int main()
{
 struct particle par1 ;        /*粒子を定義*/
 int t ;                       /*時刻 t*/

 /*初期位置と初速度を入力*/
 printf("x 座標を入力：¥n") ;
 scanf("%lf",&par1.p.x) ;
 printf("y 座標を入力：¥n") ;
 scanf("%lf",&par1.p.y) ;
 printf("速度 x を入力：¥n") ;
 scanf("%lf",&par1.v.x) ;
 printf("速度 y を入力：¥n") ;
 scanf("%lf",&par1.v.y) ;

/*時刻と位置を出力*/
for(t=0;t<LIMIT;++t){
 par1.p.x+=par1.v.x ;
 par1.p.y+=par1.v.y ;
 printf("%d:%lf %lf¥n",t,par1.p.x,par1.p.y) ;
 }
}
```

図 **11.11**　particle.c プログラムのソースコード

演習問題 11.2

例題 11.2 の particle.c プログラムを拡張し，複数の粒子についての運動シミュレーションを行う particle2.c プログラムを構成せよ．ただし，粒子群の初期位置と初期速度は，構造体 ps[] の定義時に次のように設定せよ．

```
/*粒子群を定義*/
struct particle ps[N] ={
        0,0,0.1,0.1,
        1,1,0.1,0.2,
       -1,-1,-0.2,-0.2
};
```

particle2.c プログラムの実行例を図 11.12 に示す.

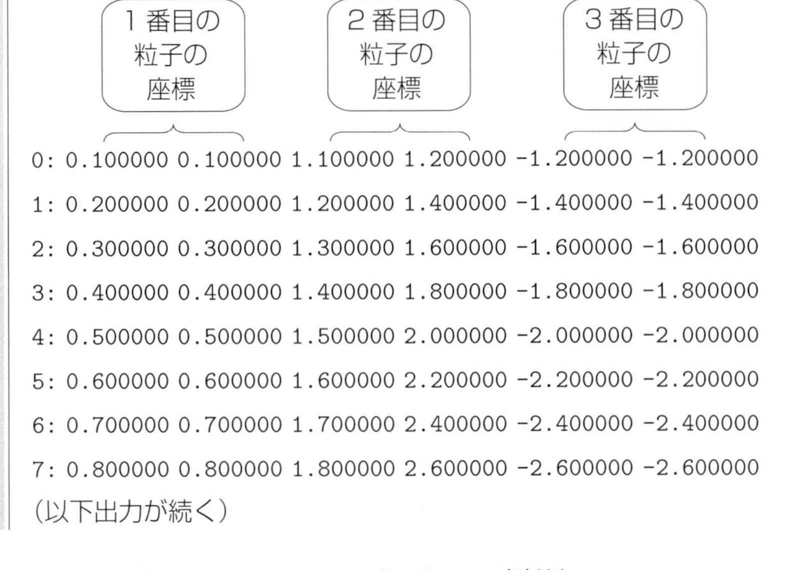

図 11.12 particle2.c プログラムの実行例

[11 章のまとめ]

① 構造体は,複数のデータをひとまとめにして取り扱うことのできる仕組みである.構造体を宣言する際には,構造体の名前である構造体タグや,構造体を構成する個々の変数である構造体メンバ等を記述する.

② 構造体を実際に利用するためには,構造体の宣言に加えて,構造体の定義が必要である.定義により,メモリ上に構造体の実体が確保される.また,構造体の定義において,メンバに初期値を与えることができる.

③ 構造体のメンバを読み書きするには,構造体メンバ演算子を利用する.

第12章　ファイル操作

[この章のねらい]

　本章では，ファイルの概念と，その具体的な操作方法を紹介します．本章で紹介する方法を用いてプログラムでファイルを扱えるようになると，より実用的なデータ処理プログラムを実現することができるようになります．

[この章で学ぶ項目]

ファイルの概念
プログラムによるファイル操作

12.1 ファイルの概念

基本事項のまとめ

43) ディスク装置だけでなく，USB メモリや磁気テープ装置などの外部補助記憶装置にデータを記録する場合も同様である．

① **ファイル**とは，ディスク装置などの補助記憶装置 43) にデータを記録する際のデータ構成単位である．実用的なプログラムには，ファイルの読み書き処理が含まれることが多い．

例えばワープロのプログラムであれば，編集対象である文書データは，文書ファイルとしてワープロプログラムから読み書きできるのが普通である．同様に表計算プログラムでは，計算対象である表データがファイル操作の対象となる（図 12.1）．

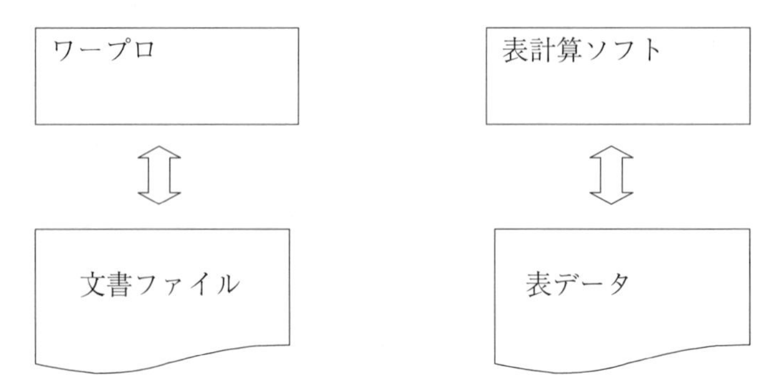

図 **12.1** ファイルの概念

② ファイルに対する操作には，ファイルの読み出しやファイルへの書き込みのほか，ファイルの作成やファイルの消去などがある．C 言語などのプログラム言語では，こうしたファイル操作を行うライブラリ関数が用意されているのが普通である．表 12.1 にファイル操作の例を示す．

表 **12.1** ファイル操作の例

操作	説明
読み出し	既存のファイルからデータを読み出す．
書き込み	既存のファイルにデータを書き込んだり，新たにファイルを作成したりする．
作成	新たにファイル作成する．
消去	既存のファイルを消去する．

③ ファイルに記録されるデータの形式はアプリケーションプログラムごとに異なるが，基本的にファイルには任意のデータを含むことができる．一般に，文字データのみを記録したファイルを**テキストファイル**と呼び，任意

のデータが記録されたファイルを**バイナリファイル**と呼ぶ．

テキストファイルは特定のアプリケーションプログラムに依存せずに読み書きできる場合が多いので，さまざまなプログラムで汎用的に扱える．これに対して，バイナリファイルはアプリケーションプログラムに依存するが，テキストファイルと比べてファイルサイズが小さく効率的な処理ができる場合が多い．

例題 12.1

それぞれの環境で，テキストファイルを作成したり変更したりする操作を行ってみよ．

解答と解説

テキストファイルの作成や変更には，エディタ等の文書編集ソフトを用いるのが簡単である．また，C 言語で記述したプログラムの出力結果をファイルに格納することもできる．例えば，linux のシェルウィンドウや Windows のコマンドプロンプト等では，**リダイレクト**によってテキストファイルを作成することができる．

図 12.2 に，Windows のコマンドプロンプトウィンドウにおけるリダイレクト操作の例を示す．図では，本書第 1 章で示した prog1.c プログラムを用いて，prog1.c プログラムの出力結果をリダイレクトによって file1.txt という名称のテキストファイルに格納している．リダイレクトを行うには，プログラム名の後に記号”>” とファイル名を続けて記述する．ここでは，ファイル名として file1.txt という名前を与えている．

プログラムを実行すると，プログラムの出力文字列が file1.txt ファイルに格納される．この際，file1.txt という名称のファイルがなければ新しく作成され，既に存在する場合には上書きされる．

```
C:¥Users¥odaka>prog1
C language
C:¥Users¥odaka>prog1 > file1.txt
C:¥Users¥odaka>type file1.txt
C language
C:¥Users¥odaka>
```

prog1.c プログラムの実行とメッセージの出力．
リダイレクトによる file1.txt ファイルの作成（または上書き）．
file1.txt ファイルの内容の確認．

図 **12.2** リダイレクトによるテキストファイルの作成例

演習問題 12.1

① 100行に渡って同じメッセージを出力するプログラム mes100.c を作成せよ．次に mes100.c プログラムを用いて，リダイレクトにより100行のメッセージを格納したテキストファイルを作れ．

12.2　プログラムによるファイル操作

基本事項のまとめ

① C 言語でプログラムからファイルを読み書きするには，図12.3に示す手順に従ってライブラリ関数を順に呼び出せばよい．

ファイル操作に必要な変数の定義
↓
fopen() 関数によるファイルオープン
↓
ファイルの読み書き（fscanf() 関数や fprintf() 関数などを利用する）
↓
fclose() 関数によるファイルクローズ

図 12.3　ファイル操作の手順

図12.3で，fopen() 関数は**ファイルオープン**，すなわちファイル操作の準備を行う関数である．fopen() 関数には引数としてファイル名と，**モード**と呼ばれる文字列を与える．モードはファイルの読み出しや書き込みの区別を指示するもので，表12.2に示すような種類がある．これらはテキストファイルを処理する場合の例であり，バイナリファイルを処理する際には文字 b を付け加えて，"rb","wb","ab" 等と記述する．

表 12.2　fopen() 関数の第2引数の意味

モード	意味
"r"	ファイルを読み出すための指定．
"w"	ファイルに書き込みを行う際の指定．ファイルが存在しない場合には新しくファイルが作成される．既存ファイルに"w" を指定すると上書きする．
"a"	ファイルへの追記を指定．ファイルが存在しない場合には新しくファイルが作成される．

fopen() 関数はファイルオープンに成功すると，ファイル操作の手がかりとなるポインタ値を戻り値として呼び出し側に返す．このポインタを**ファイルポインタ**と呼ぶ．ファイルポインタは，stdio.h ヘッダファイル内で FILE という名前で宣言されている．

ファイルへの読み書きを実際に行うには，fscanf() 関数や fprintf() 関数を用いる．これらの関数は scanf() 関数や printf() 関数と同様の処理を，第1引数で指定するファイルポインタが指し示すファイルに対して実行する．

ファイル処理が終わったら，fclose() 関数を呼び出すことでファイル処理を完了し，ファイル処理に利用したメモリ領域を開放する．

② ファイル処理の手順をプログラムとして実装するには，図 12.3 に示したライブラリ関数を順に呼び出せばよい．ファイルの書き出し処理を実装した例として，fwrite.c プログラムを図 12.4 に示す．

図 12.4 の fwrite.c プログラムは，キーボードから読み込んだファイル名のファイルを fopen() 関数を使ってオープンし，ファイルポインタを変数 fp に格納する．その後，fp を第 1 引数とした fprintf() 関数を使って，100 行のテキストファイルを作成している．

```
/* fwrite.c プログラム */
/* ファイル書き込みの例題*/

#include <stdio.h>
#include <stdlib.h>

#define BUFSIZE 256            /*文字配列の大きさを指定*/

/*main() 関数*/
int main()
{
 FILE *fp ;                     /*ファイルポインタ*/
 char filename[BUFSIZE] ;       /*ファイル名を格納*/
 int i ;                        /*繰り返しの制御*/

/*ファイル名の取得*/

printf("出力ファイル名を入力してください¥n") ;

scanf("%s",filename) ;
/*ファイルのオープン*/
if((fp=fopen(filename,"w"))==NULL){
 /*ファイルオープン失敗*/
 fprintf(stderr,"ファイルオープン失敗¥n") ;
 exit(1);
}

/*ファイルの書き込み*/
for(i=0;i<100;++i)
 fprintf(fp,"%d:C 言語プログラミング¥n",i) ;
 /*ファイルクローズ*/
 fclose(fp) ;
}
```

(1) fwrite.c プログラムのソースコード

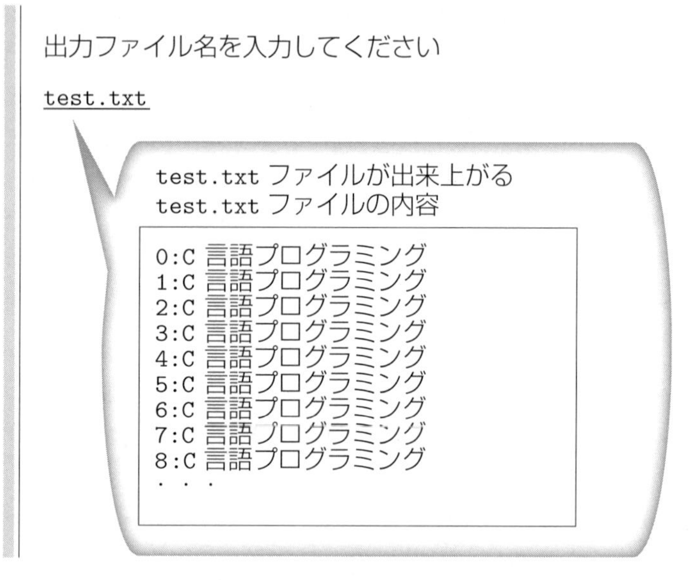

(2) fwrite.c プログラムの実行例 (下線部はキーボードからの入力)

図 12.4　fwrite.c プログラム

fwrite.c プログラムにおいて，fopen() 関数を用いたファイルオープン処理では，ファイル書き込みが許されない等の理由で処理に失敗する[44]場合がある．ファイルオープンに失敗すると，fopen() 関数は NULL を戻す．この場合にはプログラムの処理を続けることができないので,「ファイルオープン失敗」というエラーメッセージを出力してプログラムを終了させている（図 12.5）．

44) 例えばファイル書き込みが許されていないフォルダに対して書き込み処理を行おうとすると，プログラム自体は正しくても処理には失敗する．

```
/*ファイルのオープン */
if((fp=fopen(filename,"w"))==NULL){
 /*ファイルオープン失敗 */
 fprintf(stderr," ファイルオープン失敗 ¥n") ;
 exit(1);
}
```

戻り値が NULL（オープン失敗).
エラーメッセージの出力.
プログラムの終了.

図 12.5　ファイルオープンと，オープンに失敗した場合の処理

エラーメッセージは，fprintf() 関数を用いて **stderr** に出力する．stderr はプログラム実行時に自動的にオープンされるファイルであり，**標準エラー出力**と呼ばれる．自動的にオープンされるファイルは stderr のほかに，表 12.3 に示すように**標準入力 stdin**，**標準出力 stdout** がある[45]．

45) fprintf() 関数を用いて stdout に出力すると，printf() 関数を用いた場合と同様の結果となる．

表 12.3 プログラム実行時に自動的にオープンされるファイル

ファイルポインタ	説明
stdin	標準入力．キーボードからの入力処理に用いるが，リダイレクトにより入力先をファイルに切り替えることもできる．
stdout	標準出力．画面出力に用いるが，リダイレクトによりファイルに切り替えることもできる．
stderr	標準エラー出力．画面出力に用い，リダイレクトにより stdout と独立に出力先を指定できる．

図 12.5 で，プログラムの終了には exit() 関数を用いている．exit() 関数は stdlib.h で宣言されたライブラリ関数であり，呼び出された時点でプログラムを終了させる働きがある．

例題 12.2

double 型の数値の格納されたファイルから数値を読み込み，その累計を出力するプログラム fread.c を作成せよ．fread.c プログラムの動作例を図 12.6 に示す．

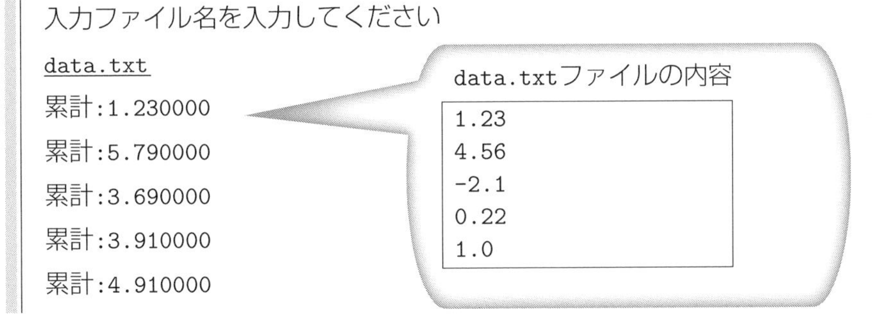

図 12.6 fread.c プログラムの動作例（下線部はキーボードからの入力）

☞ 解答と解説

ファイル読み出しの操作は，先に示した fwrite.c プログラムにおけるファイル書き込み処理とほぼ同様の手順である．すなわち，下記のような手続きを記述すればよい．

> ファイル操作に必要な変数の定義
> ↓
> fopen() 関数によるファイルオープン
> ↓
> fprintf() によるファイル書き込み
> ↓
> fclose() 関数によるファイルクローズ

図12.7に，この手順に従って処理を進めるfread.cプログラムの構成例を示す．

```
/* fread.c プログラム */
/* ファイル読み出しの例題*/

#include <stdio.h>
#include <stdlib.h>

#define BUFSIZE 256        /*文字配列の大きさを指定*/

/*main() 関数*/
int main()
{
 FILE *fp ;                   /*ファイルポインタ*/
 char filename[BUFSIZE] ;     /*ファイル名を格納*/
 double inputdata ;           /*入力データ*/
 double sum=0.0 ;             /*入力の和*/

 /*ファイル名の取得*/
 printf("入力ファイル名を入力してください¥n") ;
 scanf("%s",filename) ;

 /*ファイルのオープン*/
 if((fp=fopen(filename,"r"))==NULL){
 /*ファイルオープン失敗*/
 fprintf(stderr,"ファイルオープン失敗¥n") ;
 exit(1);
 }

 /*ファイルからのデータ読み出しと計算*/
 while(fscanf(fp,"%lf",&inputdata)!=EOF){
  sum+=inputdata ;
  printf("累計:%lf¥n",sum) ;
 }

 /*ファイルクローズ*/
 fclose(fp) ;

}
```

図 12.7 read.cプログラムのソースコード

演習問題 12.2

① 標準ライブラリ関数fgets()を用いてテキストファイルを読み取り，各行の文字数を出力するプログラムflength.cを作成せよ．flentgh.cプログラムの動作例を図12.8に示す．

```
入力ファイル名を入力してください
test.txt
abcde
 長さ：5 文字
1234
 長さ：4 文字
YZ
 長さ：2 文字
******
 長さ：6 文字
```

test.txt ファイルの内容

```
abcde
1234
YZ
******
```

図 **12.8**　flentgh.c プログラムの動作例（下線部はキーボードからの入力）

② flength.c プログラムを改造し，**コマンドライン引数**でファイル名を指定して同様の処理を行うプログラムである flength2.c プログラムを作成せよ．ここでコマンドライン引数とは，機械語プログラムを起動する際に，コマンドプロンプトやシェルでの入力時にコマンド名とともに与える引数のことである．図 12.9 に flentgh2.c プログラムの実行例を示す．

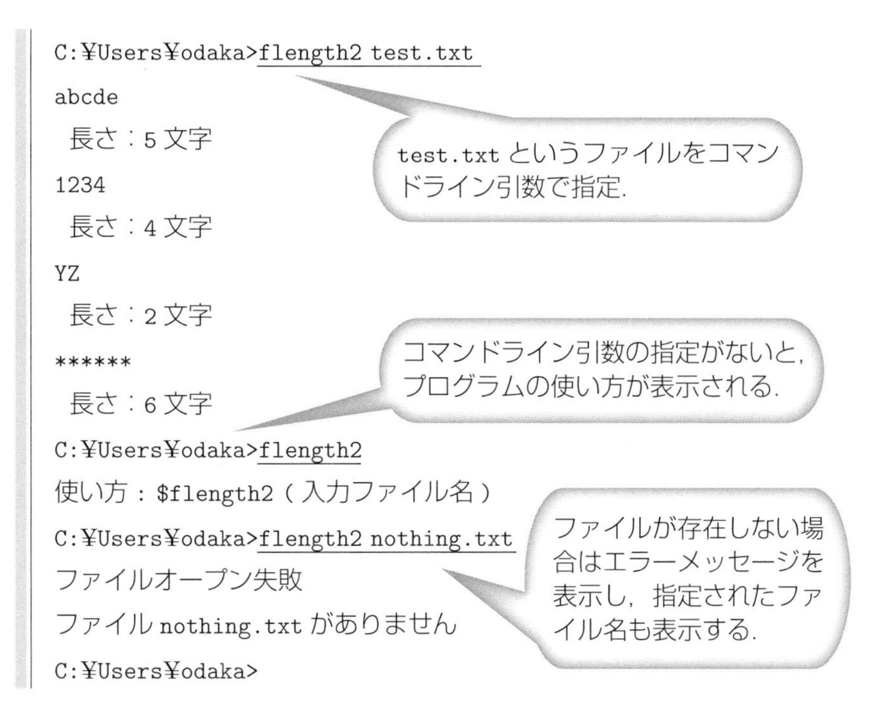

C:¥Users¥odaka>flength2 test.txt
abcde
長さ：5 文字
1234
長さ：4 文字
YZ
長さ：2 文字
******
長さ：6 文字
C:¥Users¥odaka>flength2
使い方：$flength2（入力ファイル名）
C:¥Users¥odaka>flength2 nothing.txt
ファイルオープン失敗
ファイル nothing.txt がありません
C:¥Users¥odaka>
test.txt というファイルをコマンドライン引数で指定．
コマンドライン引数の指定がないと，プログラムの使い方が表示される．
ファイルが存在しない場合はエラーメッセージを表示し，指定されたファイル名も表示する．

図 **12.9**　flentgh2.c プログラムの実行例（下線部はキーボードからの入力）

なお，コマンドライン引数をプログラムから利用するには，main() 関数のパラメタとして次のような記述を行う必要がある．

```
/*main() 関数*/
int main(int argc,char *argv[])
{
```

main() 関数のパラメタの意味を表 12.4 に示す．

表 12.4 main() 関数のパラメタの意味

パラメタ	意味
int argc	引数の個数．コマンド自身も含めるので，最小値は 1 となる．
char *argv[]	引数を与える文字列リテラルへのポインタ．argv[0] はコマンド自身の名前を表した文字列へのポインタである．

[12 章のまとめ]

① ファイルとは，ディスク装置などの補助記憶装置にデータを記録する際のデータ構成単位である． C 言語などのプログラム言語では，ファイルの読み出しや書き込みなどのファイル操作を行うライブラリ関数が用意されている．

② C 言語の標準ライブラリには，ファイルオープンのための fopen() 関数やファイルクローズのための fclose() 関数，あるいはファイルの読み書きをするための fscanf() 関数,fgets() 関数, あるいは fprintf() 関数などが用意されている．

第13章　プログラミング総合演習(1)

[この章のねらい]

本章と次章では，これまで説明したC言語のさまざまな機能を利用して，ある程度まとまったプログラムシステムを構築します．作成するシステムは，メニューを提示して対話的にデータ処理を進めるプログラムです．本章では，データの入出力やデータ検索など，プログラムの基本部分を構成します．

[この章で学ぶ項目]

例題プログラム proc.c の設定
proc1.c プログラム—骨格部分の構成—
proc2.c プログラムのソースコード

13.1　例題プログラム proc.c の設定

本章と次章では，メニューを提示して対話的にデータ処理を進めるプログラムシステム proc.c を構築する．porc.c プログラムの機能を以下で設定する．

① porc.c プログラムの概要

proc.c プログラムは，メニューに従ってデータ処理を進めるプログラムである．proc.c プログラムの動作の概要を図 13.1 に示す．図にあるように，proc.c プログラムはメニューを表示し，選択されたメニュー番号に従って対応する処理を行うプログラムである．

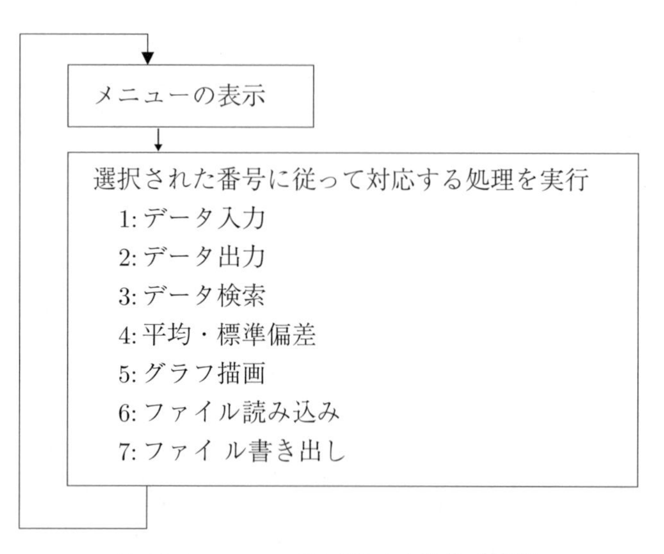

図 13.1　proc.c プログラムの動作（概要）

proc.c プログラムの動作例を図 13.2 に示す．図のように，プログラムが起動されると proc.c プログラムは処理メニューを表示し，メニュー番号の入力を促す．ユーザがメニュー番号を入力すると，対応する処理が実行される．

② データ入出力

proc.c プログラムでは，処理対象データをキーボードから読み込みプログラム内に保存する．また，保存されているデータを画面に表示することができる．対象とするデータは int 型の整数である．図 13.3 にデータの入力例を示す．

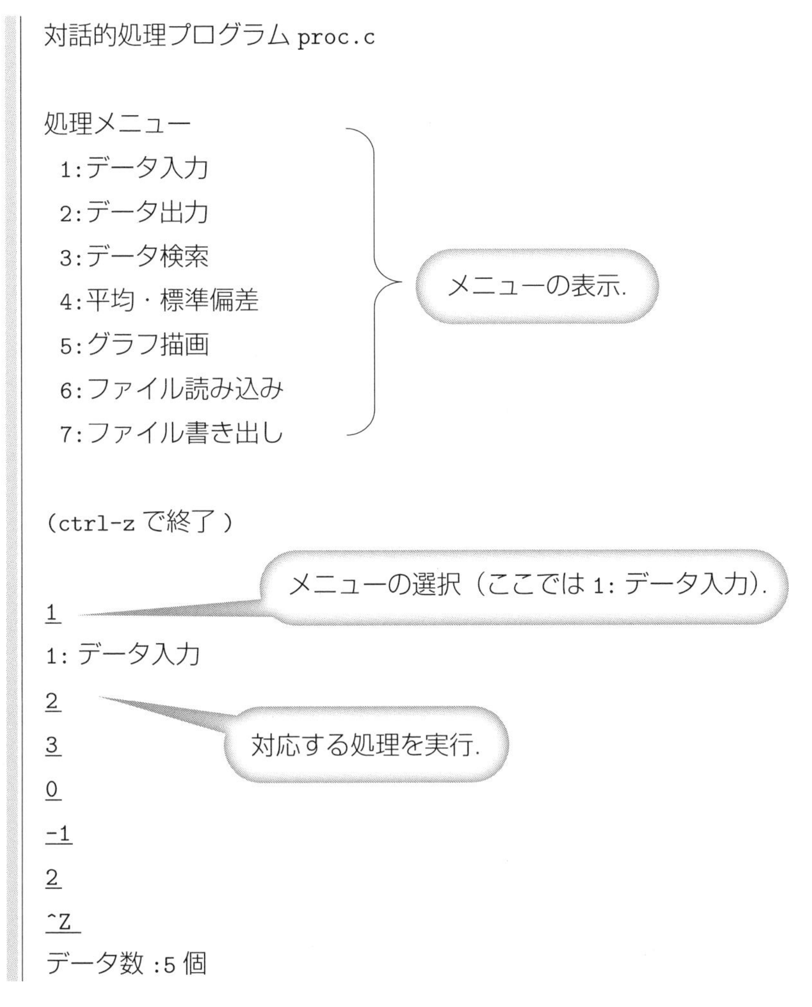

図 **13.2** proc.c プログラムの動作例（下線部はキーボードからの入力）

```
1:データ入力
3
2
1
3
5
データ数:5 個
```

図 **13.3** データの入力例（下線部はキーボードからの入力）

③ データ検索

proc.c プログラムは，保存したデータから特定の値を検索することができる．データ検索の動作例を図 13.4 に示す．

```
3: データ検索
検索対象の数値は？
3
発見　0:3
発見　3:3
```

データの 0 番目と 3 番目に値 3 を発見.

図 13.4　データ検索の動作例（下線部はキーボードからの入力）

④ データ処理

proc.c プログラムは，保存したデータについて平均と標準偏差を求めるデータ処理機能を有する．データ処理機能については次章で述べる．

⑤ グラフ描画

proc.c プログラムには，保存したデータについての簡易なグラフ描画機能がある．グラフ描画機能については次章で述べる．

⑥ ファイル処理

proc.c プログラムは，データをファイルに保存したり，ファイルからデータを読み込むことができる．ファイル処理機能については次章で述べる．

以下では，これらの機能を順にプログラムとして実装していくことで，proc.c プログラムを構築する．

13.2　proc1.c プログラム —骨格部分の構成—

基本事項のまとめ

本節では，porc.c プログラムの骨格部分となる proc1.c プログラムを構成する．proc1.c プログラムは何も処理機能のないプログラムだが，proc.c プログラムの基本的な構造を与えるプログラムでもある．

例題 13.1

対話的データ処理プログラム proc.c の骨格部分となる，proc1.c プログラムを構成せよ．proc1.c プログラムは，メニューを表示してコマンドを受け取り，指定されたコマンドに対応する処理機能を呼び出すプログラムである．

図 13.5 に proc1.c プログラムの動作例を示す．proc1.c プログラムを起動す

ると，オープニングメッセージが表示される．次に，処理メニューが表示される．メニューを選択し数字を入力すると処理が開始されるが，proc1.c プログラムでは具体的な処理はなにもせずに処理メニュー表示に戻る．コマンド入力時に入力終了の記号（Windows ではコントロール Z [46]），linux ではコントロール D）を入力するとプログラムが終了する．

46) キーボードの Ctrl と書かれたキーを押しながら，Z キーを押す操作を意味する．

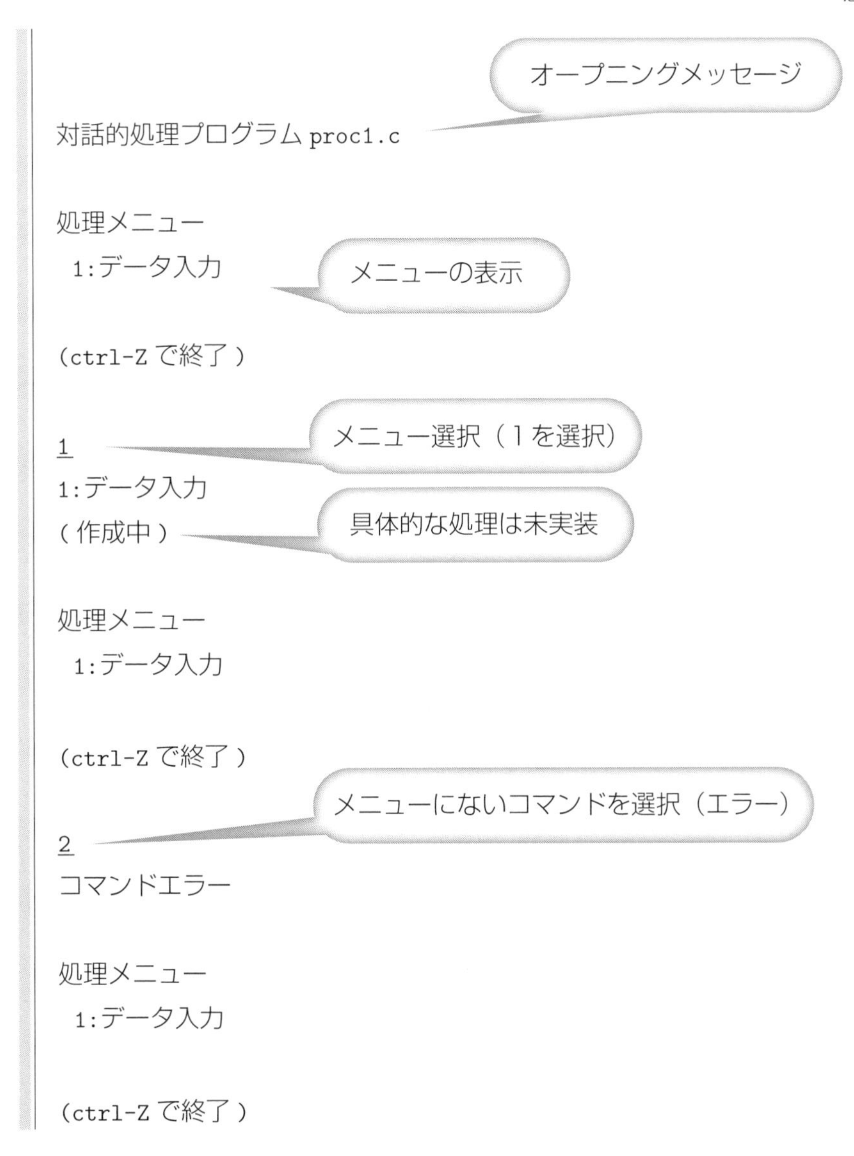

図 13.5　proc1.c プログラムの動作例（下線部はキーボードからの入力）

☞ 解答と解説

proc1.c プログラムの構造を考える．proc1.c プログラムでは，メニューを表示してコマンド入力を促し，与えられたコマンドに応じた処理を行う．そこで，メニュー表示とコマンド入力，および処理に対応する関数の呼び出しを main() 関数で行い，処理に対応する関数や，メニュー表示のような main() 関数の下請け処理を行う関数を別に用意することにする．この考えによって構成した proc1.c プログラムのモジュール構造 [47] を図 13.6 に示す．

47) ここでモジュール構造とは，関数の呼び出し関係のことを意味する．

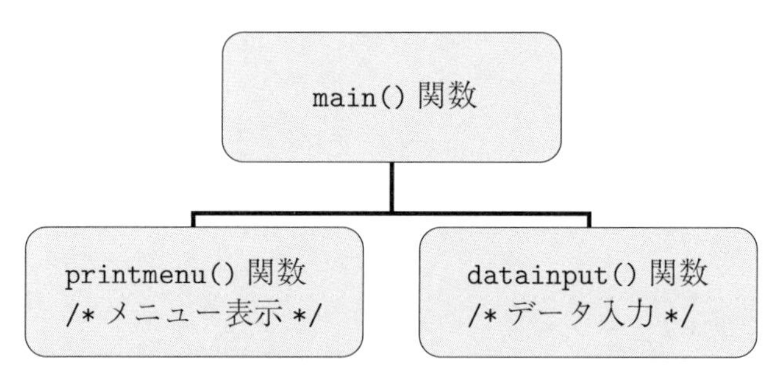

図 13.6　proc1.c プログラムのモジュール構造図

図 13.6 で，printmenu() 関数はメニューの表示を担当する下請けの関数である．また datainput() 関数は，コマンド 1 番に対応する処理関数である．

次に，main() 関数の処理を考える．main() 関数の処理の概要は次のとおりである．

(1)　オープニングメッセージの表示
(2)　入力終了（コントロール Z 等の入力）となるまで以下を繰り返す
　(2–1)　メニュー表示（printmenu() 関数の呼び出し）
　(2–2)　コマンドの読み込み
　(2–3)　コマンドに対応する関数の呼び出し
　(2–4)　コマンドが不正な場合，エラーを表示

この処理の中心となる (2) の部分を C 言語で実装すると，次のように記述することができる（図 13.7）．

```
/*コマンド入力と処理の繰り返し*/
printmenu() ;           /*メニュー表示*/
while(scanf("%d",&cmd)!=EOF){
 switch (cmd) {
  case 1:
     datainput() ;      /*データの読み込み*/
     break ;
  default :
     printf("コマンドエラー ¥n¥n") ;
 }
 printmenu() ;          /*メニュー表示*/
}
```

図 13.7　switch 文を用いたコマンドの解析

図 13.7 の記述において，コマンドの判定には**switch 文**を用いている．switch 文は次のような構文の制御機構である．

```
switch(式){
 case 定数 : 文
 case 定数 : 文
 …
 default:文
}
```

switch 文は，switch という書き出しに続くカッコ内の式の値を計算し，その値に対応する定数を含む case ラベルに制御を移す働きを持つ．もし式の値がいずれの定数にも合致しなければ，default というラベルに制御が移る．proc.c プログラムでは，switch 文を用いてコマンドの判定を行っている．

なお，図 13.7 では，case 1 に対応する処理の最後の行で**break 文**[48] が利用されている．break 文が実行されると switch 文全体の処理を抜けて次の処理に進む．ここでは，case 1 に対応する処理が終了したら，メニューを再表示してコマンドの入力を受け付ける処理に進むために break 文を用いている．

48) break 文は，最も内側のループまたは switch 文から抜け出すために用いられる．

コマンド 1 番に対応する処理関数である datainput() 関数は，proc1.c プログラムにおいては，(作成中）というメッセージを出力するだけの未完成な関数である．このように，プログラム開発の途中段階で仮に作成する関数を**スタブ**と呼ぶ．proc1.c プログラムの datainput() 関数はスタブの例である．

以上の考え方を元に構成した proc1.c プログラムのソースコードを図 13.8 に示す．

```
/* proc1.c プログラム */
/* 対話的処理プログラム*/
/* (1) メニュー表示 */

#include <stdio.h>


/*関数のプロトタイプの宣言 */
void printmenu() ;          /*メニュー表示*/
void datainput() ;          /*データの読み込み*/

/*main() 関数*/
int main()
{
 int cmd ;                  /*コマンドを保持*/
 /*オープニングメッセージ*/
 printf("対話的処理プログラム proc1.c¥n¥n") ;

 /*コマンド入力と処理の繰り返し*/
 printmenu() ;              /*メニュー表示*/
 while(scanf("%d",&cmd)!=EOF){
```

```
  switch (cmd) {
   case 1:
      datainput() ;        /*データの読み込み*/
      break ;
   default :
      printf("コマンドエラー ¥n¥n") ;
  }
  printmenu() ;            /*メニュー表示*/
 }


}

/* printmenu() 関数*/
/* メニュー表示 */
void printmenu()
{
 printf("処理メニュー ¥n") ;
 printf(" 1:データ入力 ¥n") ;
 printf("¥n(ctrl-Z で終了)¥n¥n") ;
}

/*datainput() 関数 */
/*データの読み込み*/
/*スタブ版 */
void datainput()
{
 printf("1:データ入力 ¥n") ;
 printf("(作成中)¥n¥n") ;
}
```

図 **13.8** proc1.c プログラムのソースコード

13.3 proc2.c プログラム —基本部分の構成—

基本事項のまとめ

本節では，proc1.c プログラムを拡張し，データの入出力機能とデータ検索機能を実装する．proc2.c プログラムはデータ処理プログラムの基本部分を実装したプログラムである．

例題 13.2

proc1.c プログラムを拡張し，データの入出力機能とデータ検索機能を実装した proc2.c プログラムを作成せよ．図 13.9 に proc2.c プログラムの実行例を示す．

```
対話的処理プログラム proc2.c

処理メニュー
1:データ入力
2:データ出力
3:データ検索

(ctrl-Z で終了)
1
1:データ入力

3
2
1
6
5
4
3
2
データ数:8 個

処理メニュー
1:データ入力
2:データ出力
3:データ検索

(ctrl-Z で終了)
2
2:データ出力

0:3
1:2
2:1
3:6
4:5
5:4
6:3
7:2

処理メニュー
1:データ入力
2:データ出力
3:データ検索

(ctrl-Z で終了)
3
3:データ検索
検索対象の数値は？
```

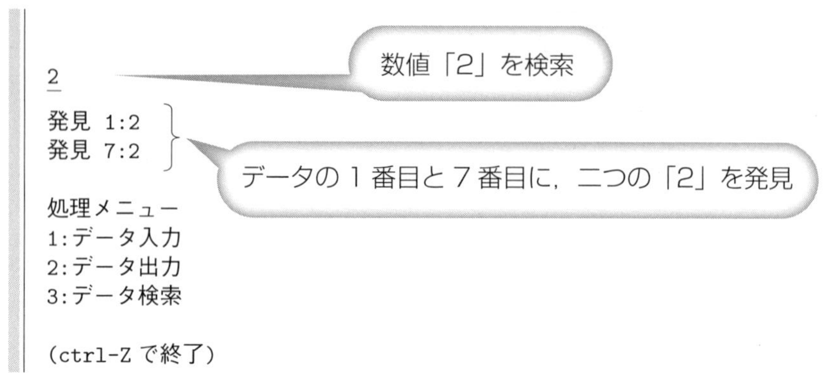

図 **13.9** proc2.c プログラムの実行例（下線部はキーボードからの入力）

☞ 解答と解説

proc2.c プログラムは，proc1.c プログラムのメニュー表示とコマンド入力部分を拡張し，拡張した処理に対応する処理関数を追加したプログラムである．proc2.c プログラムのモジュール構造図を図 13.10 に示す．

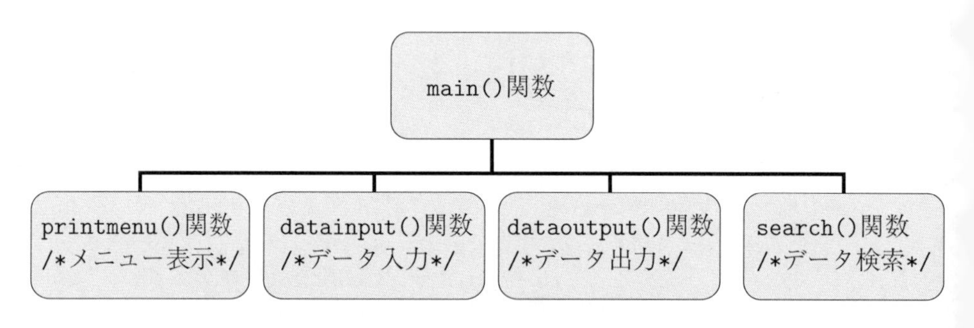

図 **13.10** proc2.c プログラムのモジュール構造図

proc2.c プログラムにおける main() 関数の主な変更点は次のとおりである．

・処理対象データを保持する配列 data[] の定義
・データ個数を保持する変数 n の定義
・switch 文におけるケースラベルの追加（2:データ出力および 3:データ検索に対応）

printmenu() 関数では，メニューとして「2:データ出力」および「3:データ検索」を追加する．また，datainput() 関数は，スタブではなく，実際にデータをキーボードから読み込むよう修正する．

これらに加えて，dataoutput() 関数と search() 関数は新たに作成し，プロトタイプの宣言とともにソースコードに追加する必要がある．

以上の追加修正を proc1.c プログラムに行って作成した proc2.c プログラムのソースコードを，図 13.11 に示す．

```
/* proc2.c プログラム */
/* 対話的処理プログラム */
/* (2) 入出力と簡単な処理*/

#include <stdio.h>

#define N 4096                          /*処理対象データの上限数*/

/*関数のプロトタイプの宣言 */
void printmenu() ;                      /*メニュー表示*/

int datainput(int data[]) ;            /*データの読み込み*/
void dataoutput(int data[],int n) ;/*データの出力*/
void search(int data[],int n) ;         /*データ検索*/

/*main() 関数*/
int main()
{
 int cmd ;                              /*コマンドを保持*/
 int data[N] ;                          /* 処理対象データ*/
 int n ;                                /*処理対象データの個数*/

 /*オープニングメッセージ*/
 printf("対話的処理プログラム proc2.c¥n¥n") ;

 /*コマンド入力と処理の繰り返し*/
 printmenu() ;                          /*メニュー表示*/
 while(scanf("%d",&cmd)!=EOF){
  switch (cmd) {
   case 1:
      n=datainput(data) ;               /*データの読み込み*/
      break ;
   case 2:
      dataoutput(data,n) ;              /*データの出力*/
      break ;
   case 3:
      search(data,n) ;                  /*データ検索*/
      break ;
   default :
      printf("コマンドエラー ¥n¥n") ;
  }
  printmenu() ;                         /*メニュー表示*/
 }


}

/* printmenu() 関数*/
/* メニュー表示 */
void printmenu()
{
 printf("処理メニュー ¥n") ;
 printf(" 1:データ入力 ¥n") ;
```

```
 printf(" 2:データ出力 ¥n") ;
 printf(" 3:データ検索 ¥n") ;
 printf("¥n(ctrl-Z で終了)¥n¥n") ;
}

/*datainput() 関数 */
/*データの読み込み*/
int datainput(int data[])
{
 int n=0 ;                              /*データ数*/

 printf("1:データ入力 ¥n") ;
 /*標準入力からの読み込み*/
 while(scanf("%d",&data[n])!=EOF)
  ++ n ;

 printf("データ数:%d 個 ¥n¥n",n) ;

 return n ;
}


/*dataoutput() 関数 */
/*データの出力*/
void dataoutput(int data[],int n)
{
 int i ;                                /*繰り返しの制御*/

 printf("2:データ出力 ¥n") ;
 for(i=0;i<n;++i)
  printf("%d:%d¥n",i,data[i]) ;

 printf("¥n") ;
}


/*search() 関数 */
/*データの検索*/
void search(int data[],int n)
{
 int i ;                                /*繰り返しの制御*/
 int target ;                           /*検索対象の数値*/

 printf("3:データ検索 ¥n") ;
 printf("検索対象の数値は？¥n") ;
 scanf("%d",&target) ;

 for(i=0;i<n;++i)
  if(target$==$data[i])
   printf("発見 %d:%d¥n",i,data[i]) ;

 printf("¥n") ;

}
```

図 **13.11** proc2.c プログラムのソースコード

演習問題 13

本章で紹介したプログラムを参考に，適当な適用分野を設定した上で，ある程度まとまった機能を有するプログラムシステムの仕様を定義し，プログラムの構成方法を検討せよ．また，実際にプログラムを構成せよ．

第14章　プログラミング総合演習(2)

[この章のねらい]

　本章では，前章で作成した対話的データ処理プログラムの原型を元に，計算処理やグラフ表示，あるいはファイル入出力処理などを追加して，処理プログラム proc.c を完成させます．

[この章で学ぶ項目]

proc3.c プログラム —計算処理やグラフ表示の追加—
proc.c プログラムの完成 —ファイル処理の追加—

14.1　proc3.c プログラム ―計算処理やグラフ表示の追加―

本節では，porc2.c プログラムを拡張して，平均や標準偏差の計算処理やグラフ表示機能を追加する．

> **例題 14.1**
>
> proc2.c プログラムを拡張し，平均・標準偏差の計算処理とグラフ表示機能を実装した proc3.c プログラムを作成せよ．図 14.1 に proc3.c プログラムの実行例を示す．図のように，メニューの「4:平均・標準偏差」では，プログラム内に保持しているデータの平均値と標準偏差を出力する．また,「5:グラフ描画」では，星印 '*' を用いて各データの値を棒グラフとして表示する．

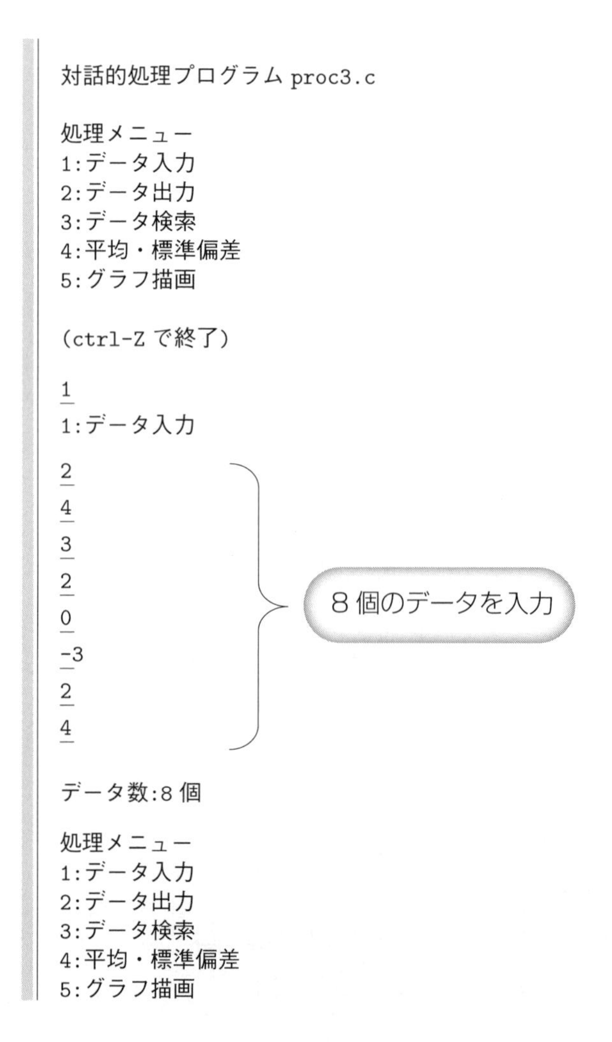

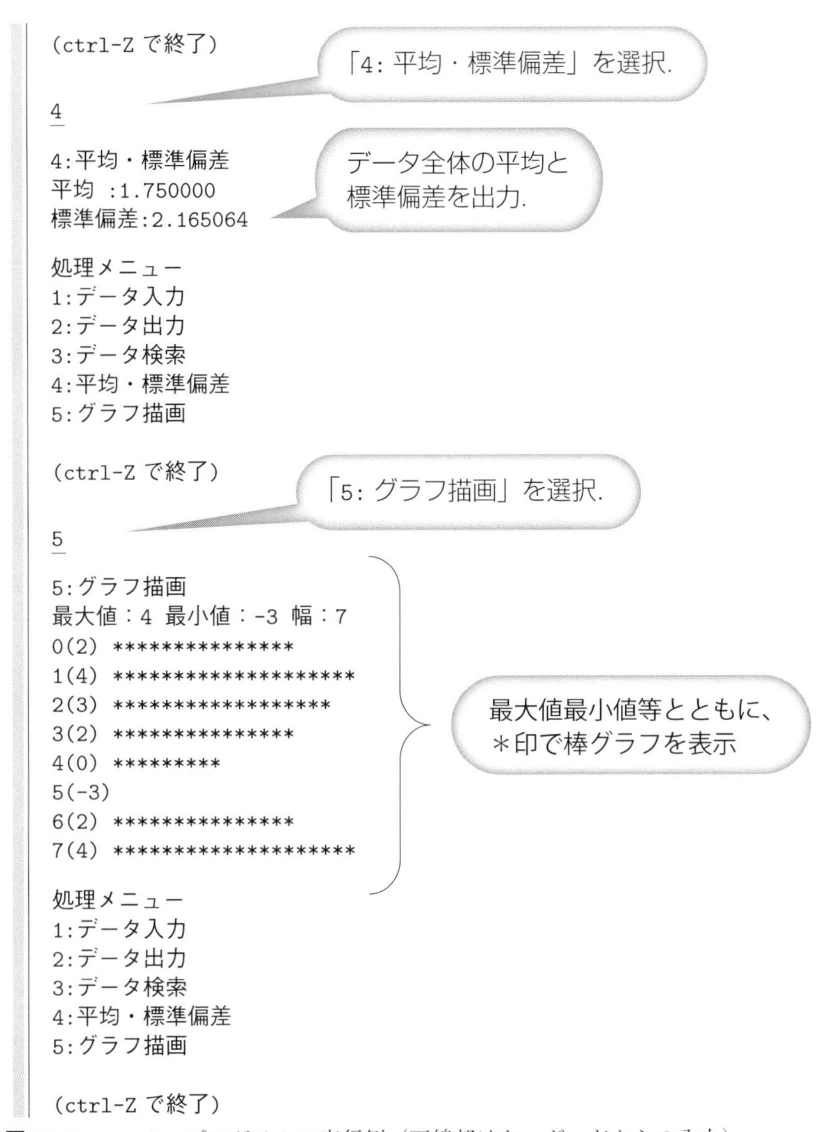

図 14.1 proc3.c プログラムの実行例（下線部はキーボードからの入力）

☞ 解答と解説

proc3.c プログラムは，proc2.c プログラムのメニュー表示とコマンド入力部分を拡張し，拡張した処理に対応する処理関数を追加したプログラムである．proc3.c プログラムのモジュール構造図を図 14.2 に示す．

proc3.c プログラムにおける main() 関数の主な変更点は次のとおりである．

- 数学関数 sqrt() を利用するために，math.h ヘッダファイルをインクルードする
- switch 文におけるケースラベルの追加（4:平均・標準偏差および 5:グラフ描画）

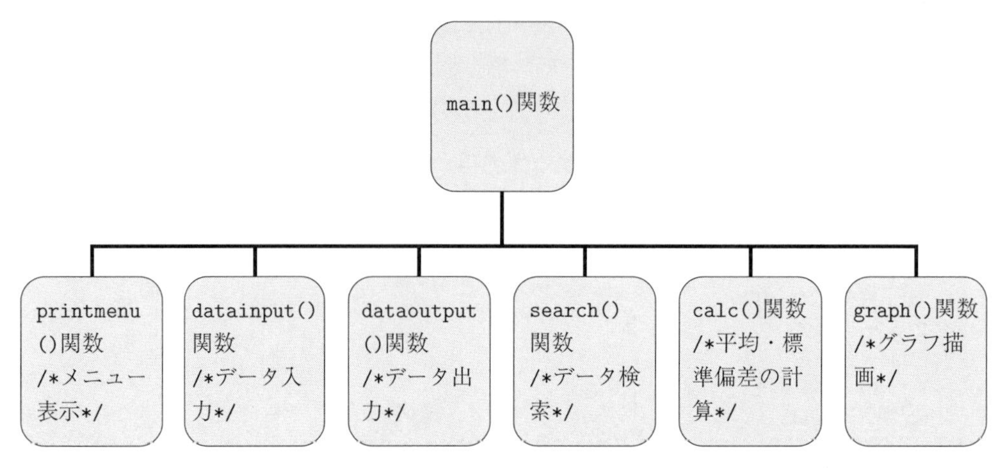

図 14.2　proc3.c プログラムのモジュール構造図

printmenu() 関数には，4:平均・標準偏差および 5:グラフ描画のメニュー表示を追加する．また新たに追加する関数は，4:平均・標準偏差の処理を担当する calc() 関数と，5:グラフ描画を担当する graph() 関数である．

以上の追加修正を proc2.c プログラムに行って作成した proc3.c プログラムのソースコードを，図 14.3 に示す．

```
/* proc3.c プログラム */
/* 対話的処理プログラム */
/* (3) 計算とグラフ描画 */

    #include <stdio.h>
    #include <math.h>
    #define N 4096                      /*処理対象データの上限数*/
    #define WIDTH 20                    /*グラフ描画の最大幅（文字数）*/

/*関数のプロトタイプの宣言 */
void printmenu() ;                          /*メニュー表示*/
int datainput(int data[]) ;                 /*データの読み込み*/
void dataoutput(int data[],int n) ;         /*データの出力*/
void search(int data[],int n) ;             /*データ検索*/
void calc(int data[],int n) ;               /*平均・標準偏差の計算*/
void graph(int data[],int n) ;              /*グラフ描画*/

/*main() 関数*/
int main()
{
int cmd ;                                 /*コマンドを保持*/
int data[N] ;                             /* 処理対象データ*/
int n ;                                   /*処理対象データの個数*/

/*オープニングメッセージ*/
printf("対話的処理プログラム proc3.c¥n¥n") ;
```

```
/*コマンド入力と処理の繰り返し*/
printmenu() ;                                  /*メニュー表示*/
while(scanf("%d",&cmd)!=EOF){
 switch (cmd) {
  case 1:
    n=datainput(data) ;                        /*データの読み込み*/
    break ;
  case 2:
    dataoutput(data,n) ;                       /*データの出力*/
    break ;
  case 3:
    search(data,n) ;                           /*データ検索*/
    break ;
  case 4:
    calc(data,n) ;                             /*平均・標準偏差の計算*/
    break ;
  case 5:
    graph(data,n) ;                            /*グラフ描画*/
    break ;
  default :
    printf("コマンドエラー¥n¥n") ;
  }
 printmenu() ;                                 /*メニュー表示*/
 }



}

/* printmenu() 関数*/
/* メニュー表示 */
void printmenu()
{
 printf("処理メニュー¥n") ;
 printf(" 1:データ入力¥n") ;
 printf(" 2:データ出力¥n") ;
 printf(" 3:データ検索¥n") ;
 printf(" 4:平均・標準偏差¥n") ;
 printf(" 5:グラフ描画¥n") ;
 printf("¥n(ctrl-Z で終了)¥n¥n") ;
}

/*datainput() 関数 */
/*データの読み込み*/
int datainput(int data[])
{
 int n=0 ;                                      /*データ数*/

 printf("1:データ入力¥n") ;
/*標準入力からの読み込み*/
while(scanf("%d",&data[n])!=EOF)
  ++ n ;

 printf("データ数:%d 個¥n¥n",n) ;
```

```
 return n ;
}

/*dataoutput() 関数 */
/*データの出力*/
void dataoutput(int data[],int n)
{
int i ;                              /*繰り返しの制御*/

printf("2:データ出力 ¥n") ;
for(i=0;i<n;+i)
printf("%d:%d¥n",i,data[i]) ;

printf("¥n") ;
}

/*search() 関数 */
/*データの検索*/
void search(int data[],int n)
{

  int i ;                            /*繰り返しの制御*/
  int target ;                       /*検索対象の数値*/

printf("3:データ検索 ¥n") ;
printf("検索対象の数値は？¥n") ;
scanf("%d",&target) ;

for(i=0;i<n;+i)
 if(target==data[i])
  printf("発見 %d:%d¥n",i,data[i]) ;
  printf("¥n") ;

}

/*cal() 関数 */
/*平均・標準偏差の計算*/
void calc(int data[],int n)
{
  int i ;
  double sum=0,average,sigma2=0 ;

 /*平均の計算*/
 for(i=0;i<n;+i)
  sum=sum+data[i] ;
 average=sum/n ;

 /*分散の計算*/
 for(i=0;i<n;+i)
  sigma2
   =sigma2+(data[i]-average)*(data[i]-average) ;

 sigma2=sigma2/n ;                        /*分散*/

 /*結果の出力*/
 printf("4:平均・標準偏差 ¥n") ;
```

```
 printf(" 平均 :%lf¥n",average) ;
 printf(" 標準偏差:%lf¥n",sqrt(sigma2)) ;
 printf("¥n") ;
}

/*graph() 関数*/
/*グラフ描画 */
void graph(int data[],int n)
{
 int i,j ;
 int max,min ;                 /*最大値, 最小値*/
 int range ;                   /*データ値の幅*/

 printf("5:グラフ描画 ¥n") ;
 /*最大・最小を求める*/
 max=min=data[0] ;
 for(i=0;i<n;+i)
  if(data[i]>max) max=data[i] ;
  else if(data[i]- min) min=data[i] ;
 range=max-min ;
 printf("最大値:%d 最小値:%d 幅:%d¥n",max,min,range) ;

 /*グラフの描画*/
 for(i=0;i<n;+i){
  printf("%d(%d)¥t",i,data[i]) ;
  for(j=0;j<(data[i]-min)/(double)range*WIDTH;+j)
    printf("*") ;
  printf("¥n") ;
 }
 printf("¥n") ;

}
```

図 14.3 proc3.c プログラムのソースコード

14.2 proc.c プログラムの完成 —ファイル処理の追加—

本節では，proc3.c プログラムを拡張してファイル処理機能を追加することで，proc.c プログラムを完成させる．

例題 14.2

proc3.c プログラムを拡張し，ファイル入出力機能を実装した proc.c プログラムを作成せよ．図 14.4 に proc.c プログラムの実行例を示す．proc.c プログラムでは，メニューに「6:ファイル読み込み」と「7:ファイル書き出し」を追加する.「6:ファイル読み込み」を指定すると，あらかじめ決められたテキストファイルからデータを読み込む．また「7:ファイル書き出し」を指定すると，あらかじめ決められたテキストファイルにデータを書き出す．なお，ファイル名として，ここでは，"data.txt" という名前を用いることにする．

```
対話的処理プログラム proc.c

処理メニュー
 1:データ入力
 2:データ出力
 3:データ検索
 4:平均・標準偏差
 5:グラフ描画
 6:ファイル読み込み
 7:ファイル書き出し

(ctrl-Z で終了)

6

6:ファイル読み込み
データ数:12 個

処理メニュー
 1:データ入力
 2:データ出力
 3:データ検索
 4:平均・標準偏差
 5:グラフ描画
 6:ファイル読み込み
 7:ファイル書き出し

(ctrl-Z で終了)

2

2:データ出力
0:1
1:3
2:4
 (以下出力が続く)

処理メニュー
 1:データ入力
```

テキストファイル "data.txt" からのデータ読み込み．

データの確認．

```
 2:データ出力
 3:データ検索
 4:平均・標準偏差
 5:グラフ描画
 6:ファイル読み込み
 7:ファイル書き出し

(ctrl-Z で終了)

4
4:平均・標準偏差
 平均  :2.000000
 標準偏差:2.000000

処理メニュー
 1:データ入力
 2:データ出力
 3:データ検索
 4:平均・標準偏差
 5:グラフ描画
 6:ファイル読み込み
 7:ファイル書き出し

(ctrl-Z で終了)

7
7:ファイル書き出し

書き込み成功

処理メニュー
 1:データ入力
 2:データ出力
 3:データ検索
 4:平均・標準偏差
 5:グラフ描画
 6:ファイル読み込み
 7:ファイル書き出し

(ctrl-Z で終了)
```

ファイル書き出し．

図 **14.4**　proc.c プログラムの実行例（下線部はキーボードからの入力）

☞ 解答と解説

proc.c プログラムは，proc3.c プログラムのメニュー表示とコマンド入力部分を拡張し，拡張した処理に対応する処理関数を追加したプログラムである．proc.c プログラムのモジュール構造図を図 14.5 に示す．

proc.c プログラムにおける main() 関数の主な変更点は次のとおりである．

- 処理対象テキストファイルのファイル名の定義
- switch 文におけるケースラベルの追加（6:ファイル読み込みおよび 7:ファイル書き出し）

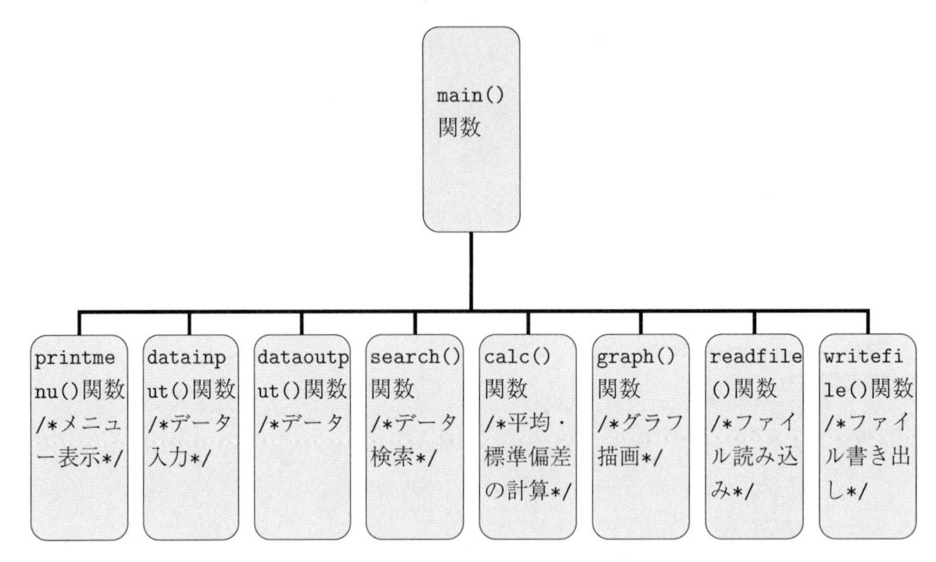

図 **14.5** proc.c プログラムのモジュール構造図

printmenu() 関数には,「6:ファイル読み込み」および「7:ファイル書き出し」のメニュー表示を追加する. また新たに追加する関数は,「6:ファイル読み込み」の処理を担当する readfile() 関数と,「7:ファイル書き出し」を担当する writefile() 関数である.

以上の追加修正を proc3.c プログラムに行って作成した proc.c プログラム[49] のソースコードを, 図 14.6 に示す.

49) proc.c プログラムは 230 行以上の長さのプログラムであり, 本書で扱うプログラムの中では最大のプログラムである.

```
/* proc.c プログラム */
/* 対話的処理プログラム */
/* 完成版 */

#include <stdio.h>
#include <math.h>
#include <stdlib.h>

#define N 4096                  /*処理対象データの上限数*/
#define WIDTH 20                /*グラフ描画の最大幅 (文字数) */
#define FILENAME "data.txt"     /*読み書き対象のファイル名*/


/*関数のプロトタイプの宣言 */
void printmenu() ;                       /*メニュー表示*/
int datainput(int data[]) ;              /*データの読み込み*/
void dataoutput(int data[],int n) ;      /*データの出力*/
void search(int data[],int n) ;          /*データ検索*/
void calc(int data[],int n) ;            /*平均・標準偏差の計算*/
void graph(int data[],int n) ;           /*グラフ描画*/
int readfile(int data[]) ;               /*ファイル読み込み*/
void writefile(int data[],int n) ;       /*ファイル書き出し*/
```

```
/*main() 関数*/
int main()
{
 int cmd ;/*コマンドを保持*/
 int data[N] ;/* 処理対象データ*/
 int n ;/*処理対象データの個数*/

 /*オープニングメッセージ*/
 printf("対話的処理プログラム proc.c¥n¥n") ;

/*コマンド入力と処理の繰り返し*/

printmenu() ;                         /*メニュー表示*/
while(scanf("{¥%}d",{¥&}cmd)!$=$EOF){
 switch (cmd) ¥textbraceleft
  case 1:
    n=datainput(data) ;               /*データの読み込み*/
    break ;
  case 2:
    dataoutput(data,n) ;              /*データの出力*/
    break ;
  case 3:
    search(data,n) ;                  /*データ検索*/
    break ;
  case 4:
    calc(data,n) ;                    /*平均・標準偏差の計算*/
    break ;
  case 5:
    graph(data,n) ;                   /*グラフ描画*/
    break ;
  case 6:
    n=readfile(data) ;                /*ファイル読み込み*/
    break ;
  case 7:
    writefile(data,n) ;               /*ファイル書き出し*/
    break ;
  default :
    printf("コマンドエラー ¥n¥n") ;
  }
 printmenu() ;                        /*メニュー表示*/
 }



}

/* printmenu() 関数*/
/* メニュー表示 */
void printmenu()
{
 printf("処理メニュー ¥n") ;
 printf(" 1:データ入力 ¥n") ;
 printf(" 2:データ出力 ¥n") ;
 printf(" 3:データ検索 ¥n") ;
 printf(" 4:平均・標準偏差 ¥n") ;
```

```
 printf(" 5:グラフ描画 ¥n") ;
 printf(" 6:ファイル読み込み ¥n") ;
 printf(" 7:ファイル書き出し ¥n") ;
 printf("¥n(ctrl-Z で終了)¥n¥n") ;
}

/*datainput() 関数 */
/*データの読み込み*/
int datainput(int data[])
{
 int n=0 ;/*データ数*/

 printf("1:データ入力 ¥n") ;
 /*標準入力からの読み込み*/
 while(scanf("%d",&data[n])!=EOF)
  ++ n ;

 printf("データ数:{¥%}d 個$¥backslash $n$¥backslash $n",n) ;

 return n ;

}

/*dataoutput() 関数 */
/*データの出力*/
void dataoutput(int data[],int n)
{

 int i ;  /*繰り返しの制御*/

 printf("2:データ出力 ¥n") ;
 for(i=0;i<n;++i)
  printf("%d:%d¥n",i,data[i]) ;

 printf("¥n") ;
}

/*search() 関数 */
/*データの検索*/
void search(int data[],int n)
{

 int i ;                 /*繰り返しの制御*/
 int target ;            /*検索対象の数値*/

 printf("3:データ検索 ¥n") ;
 printf("検索対象の数値は?¥n") ;
 scanf("%d",&target) ;

 for(i=0;i<n;++i)
  if(target==data[i])
    printf("発見 %d:%d¥n",i,data[i]) ;

 printf("¥n") ;
```

```
}

/*cal() 関数 */
/*平均・標準偏差の計算*/
void calc(int data[],int n)
{
 int i ;
 double sum=0,average,sigma2=0 ;

/*平均の計算*/
for(i=0;i<n;++i)
 sum=sum+data[i] ;
average=sum/n ;

/*分散の計算*/
for(i=0;i<n;++i)
 sigma2
  =sigma2+(data[i]-average)*(data[i]-average) ;

 sigma2=sigma2/n ;  /*分散*/

/*結果の出力*/
 printf("4:平均・標準偏差¥n") ;
 printf(" 平均 :%lf¥n",average) ;
 printf(" 標準偏差:%lf¥n",sqrt(sigma2)) ;
 printf("¥n") ;

}

/*graph() 関数*/
/*グラフ描画 */
void graph(int data[],int n)
{
 int i,j ;

 int max,min ;            /*最大値，最小値*/
 int range ;              /*データ値の幅*/

printf("5:グラフ描画¥n") ;
/*最大・最小を求める*/
max=min=data[0] ;
for(i=0;i<n;++i)
 if(data[i]>max) max=data[i] ;
 else if(data[i]<min) min=data[i] ;
range=max-min ;
printf("最大値：%d 最小値：%d 幅：%d¥n",max,min,range) ;

/*グラフの描画*/
for(i=0;i<n;++i){
 printf("%d(%d)¥t",i,data[i]) ;
 for(j=0;j< (data[i]-min)/(double)range*WIDTH;++j)
    printf("*") ;
  printf("¥n") ;
 }
 printf("¥n") ;
```

```
}

/*readfile() 関数 */
/*ファイル読み込み*/
int readfile(int data[])
{
 FILE *fp ;            /*ファイルポインタ*/
 int n=0 ;             /*データ数*/

printf("6:ファイル読み込み ¥n") ;
/*ファイルのオープン*/
if((fp=fopen(FILENAME,"r"))==NULL){
  /*ファイルオープン失敗*/
  fprintf(stderr,"ファイルオープン失敗 ¥n") ;
  exit(1);
}

/*ファイルからの読み込み*/
while(fscanf(fp,"%d",&data[n])!=EOF)
 ++ n ;

 printf("データ数:%d 個 ¥n¥n",n) ;

 return n ;
}

/*writefile() 関数 */
/*ファイル書き出し*/
void writefile(int data[],int n)
{
 FILE *fp ;            /*ファイルポインタ*/
 int i ;               /*繰り返しの制御*/

printf("7:ファイル書き出し ¥n") ;
/*ファイルのオープン*/
 if((fp=fopen(FILENAME,"w"))==NULL)¥textbraceleft
  /*ファイルオープン失敗*/
  fprintf(stderr,"ファイルオープン失敗 ¥n") ;
  exit(1);
 }

 /*ファイルへの書き込み*/
 for(i=0;i<n;++i)
  fprintf(fp,"%d¥n",data[i]) ;

  printf("書き込み成功 ¥n¥n") ;

}
```

図 **14.6**　proc.c プログラムのソースコード

演習問題 14

本章で紹介したプログラム proc.c を参考に，前章の演習問題 13 で作成したプログラムを拡張せよ．

第15章　さまざまな プログラミング言語

[この章のねらい]

本章では，C 言語以外のプログラミング言語を取り上げて，その利用について説明します．はじめに，オブジェクト指向の考え方に基づいて C 言語を発展させた言語である C++ 言語と，C 言語や C++ 言語と並んでソフトウェア開発に広く用いられている Java 言語を取り上げ，その特徴を説明します．続いて，Perl 言語や Python 言語に代表されるスクリプト言語について，C 言語との比較から特徴を説明します．

[この章で学ぶ項目]

C++ 言語と Java 言語
スクリプト言語

15.1　C++言語とJava言語

基本事項のまとめ

① 近年，ソフトウェアの分析や設計，および製造において，**オブジェクト指向**と呼ばれる考え方が広く用いられている．オブジェクト指向とは，システムの構成要素を**オブジェクト**（もの）であると考え，オブジェクトどうしが相互作用することでシステム全体が動作すると考える考え方である．

オブジェクトはその内部にデータや処理手続きを含んでおり，外部から**メッセージ**を受け取ることで処理を開始する．処理結果はメッセージとして他のオブジェクトに渡される．オブジェクトを利用する際にはその内部構造を意識する必要はなく，単に適切なオブジェクトにメッセージを送ることで処理が実行される．このため，システムの詳細を考える必要がなく，大規模なシステムであってもシステム全体を的確に把握することが可能である．このため，オブジェクト指向の考え方はシステム分析やシステムの設計に有用である．

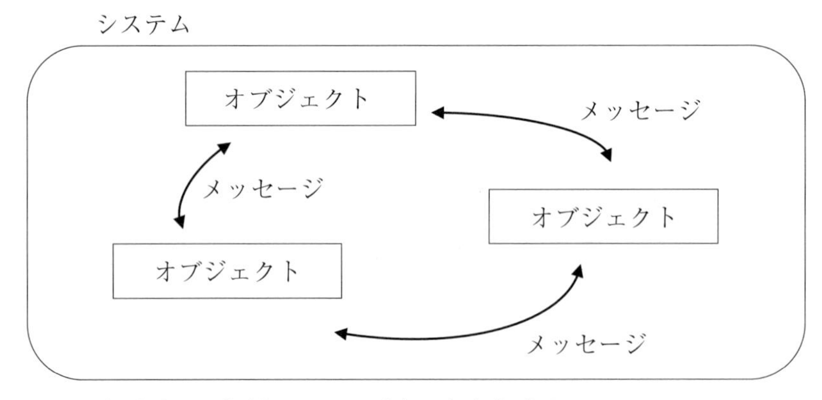

図 15.1　オブジェクト指向に基づくシステムの表現

オブジェクト指向の考え方をプログラミング言語に反映させた**オブジェクト指向プログラミング言語**は，オブジェクト指向分析やオブジェクト指向設計の結果をプログラムシステムに反映させるのに有用である [50]．さらに，多くのオブジェクト指向言語では，**クラス**に基づく**継承**の仕組みを実装している．継承は，オブジェクトの雛形となるクラスを用意し，既存のクラスに新たな機能を追加することで新しいクラスを創り出す仕組みである．継承を用いるとプログラミングの手間を削減することができるた

50) ソフトウェア開発においては，分析や設計の結果に基づいて製造（プログラムの作成）が行われる．分析や設計がオブジェクト指向に基づいて行われる場合には，プログラムの作成にもオブジェクト指向を用いるのが自然であり，有用である．

め，適切に利用すればプログラムシステムの生産性が格段に向上することが知られている．

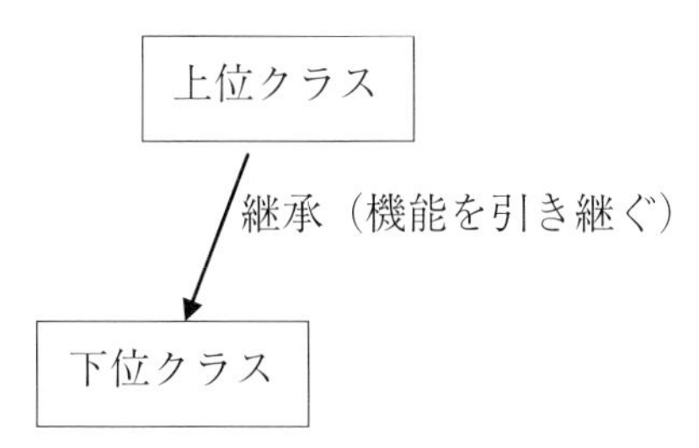

図 15.2 クラスと継承

② C++ 言語は，オブジェクト指向の考え方に基づいて C 言語を拡張したプログラミング言語である．C++ 言語は C 言語の機能をすべて備えた汎用のプログラミング言語であり，C 言語同様さまざまな分野のソフトウェア構築に広く用いられている．

C++ 言語では，データと処理手続きをひとまとめにしたクラスを扱うことができる．様々なクラスのライブラリが用意されているので，プログラム作成時にはライブラリを利用してプログラムシステムを構築することが容易である．

図 15.3 に，C++ 言語によるプログラムの例を示す．図では，cin というオブジェクトを用いて標準入力から数値を読み取っている [51]．その後，標準出力への書き出しを担当する cout というオブジェクトを用いて，文字や数値を cout にメッセージとして与えることで標準出力に出力している．

C++ 言語では，オブジェクト指向の考え方が導入されたほかにも，さまざまな拡張が C 言語に対してなされている．例えば図 15.3 の cplus.cpp プログラムでは，記号//を使ったコメント記法を用いている [52]．C++ では，/*から初めて*/で終わる C 言語のコメント記法も使えるが，//から始まり行末までをコメントとする記法も用いることができる．別の例として，cplus.cpp プログラムの for 文では，繰り返しを制御する変数 i を，利用する直前に定義している．C++ 言語における変数の宣言や定義の方法は，C 言語における宣言や定義よりも制限がゆるやかである．

③ Java 言語は，ネットワークプログラムを前提として 1990 年代に発表されたオブジェクト指向言語である．C++ 言語が C 言語の拡張として設計されたのに対し，Java 言語はオブジェクト指向やネットワークプログラミングを実現するために新たに開発された言語である．ただし，Java 言語

[51] C++ 言語における cin や cout を使った入出力は，C 言語における scanf() 関数や printf() 関数による入出力よりも簡単で便利である．

[52] 記号//によるコメント記法は，gcc や VisulaStudo 等で C 言語のプログラムをコンパイルする際にも利用可能である．

```
//  cplus.cpp プログラム
//  c++ プログラムの簡単な例

#include <iostream>
using namespace std;

int main()
{
  double a;

  cin >> a;

  for(int i=1;i<10;++i)
     cout << i << ":" << a*i << endl;
}
```

記号 // を用いたコメント記法.
cin オブジェクトを用いた入力処理.
変数定義の位置がC言語と比較して柔軟.
cout オブジェクトによるデータ出力.

(1) cplus.cpp のソースコード

```
6
1:6
2:12
3:18
4:24
5:30
6:36
7:42
8:48
9:54
```

(2) cplus.cpp の実行例（下線部はキーボードからの入力）

図 15.3　cplus.cpp C++ 言語によるプログラムの例

は C 言語の記法を参考に開発されたので，プログラムソースコードの字面はC言語と似ている面がある．

Java 言語は汎用のプログラミング言語であり，小型の制御用コンピュータから大型のサーバまで，さまざまなコンピュータで用いられている．また近年では，スマートフォンのプログラムを記述するための標準的な言語としても用いられており，C 言語や C++ 言語と並んで広く用いられている言語である．

Java 言語の特徴の一つは，**コンパイラ**方式と**インタプリタ**方式を併用した，ハードウェアに依存しない実行形態を採用している点にある（図 15.4）．Java 言語のソースコードは，Java のコンパイラによって，**Java バイトコード**と呼ばれる一種の機械語プログラムに変換される．Java バイトコードは特定の CPU ハードウェアに対する機械語プログラムではなく，**Java 仮想マシン**と呼ばれる Java 言語のインタプリタによって実行される機械語プログラムである．ここでインタプリタとは，与えられた命令を一つずつ解釈実行するようなプログラム実行システムである．Java バイトコードを実行する際には，それぞれのハードウェア上に実装された Java 仮想マシンを用いてプログラムを実行する [53]．

このようにすると，ソースコードから変換された Java バイトコードによる機械語プログラムは，Java 仮想マシンさえあればどのような CPU 上でも実行することが可能である．これにより Java 言語を用いることで，ネットワーク上のどのようなコンピュータ上でも動作可能なプログラムを作成することができるようになっている．

53) 一般にインタプリタ方式の実行では機械語プログラムの実行に比較して実行速度の面で劣る場合が多いが，Java 仮想マシンによる実行では機械語プログラムの実行速度と比較しても遜色ない性能を示す例が多い．

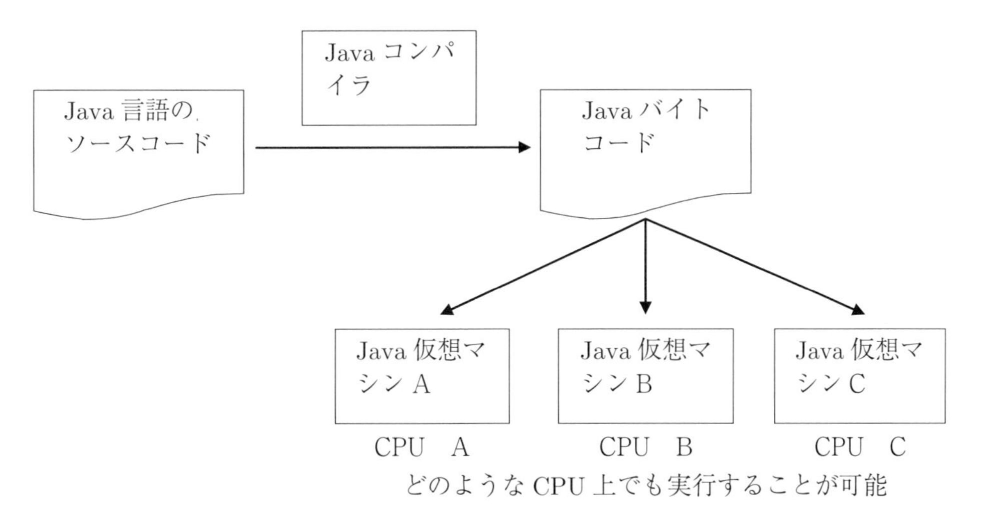

図 **15.4** Java の実行形態

Java 言語のプログラム例を図 15.5 に示す．図 15.5(1) の Javap.java プログラムは，0 から 9 までの値の 2 乗値を出力するプログラムである．

```
//Javap.java プログラム
//java によるプログラムの例

import java.io.* ;

public class Javap{
```

```
 public static void main(String[] args){
  int i ;
  for(i=0;i<10;++i)
    System.out.println(i+":"+i*i) ;
  }
}
```

(1) Javap.java プログラムのソースコード

```
C:¥Users¥odaka>javac Javap.java
C:¥Users¥odaka>dir
Javap.class  Javap.java
C:¥Users¥odaka>java Javap
0:0
1:1
2:4
3:9
4:16
5:25
6:36
7:49
8:64
9:81
C:¥Users¥odaka>
---------------
$>java Javap
0:0
1:1
2:4
3:9
4:16
5:25
```

Windows 環境での操作.
Java コンパイラ javac によるコンパイル.
Java バイトコード Javap.class が生成されている.
Java 仮想マシン java（インタプリタ）によるバイトコードの実行.
Linux 環境での操作
異なる OS 上でも，同じバイトコードを実行すると，同じように実行される.

(2) Javap.java プログラムの実行例（コンパイルと実行）

図 15.5　Javap.java プログラム Java 言語によるプログラムの例

15.2 スクリプト言語

基本事項のまとめ

① Perl や Python 等に代表される**スクリプト言語**とは，おおむね以下のような特徴を有する言語である．

・プログラム記述が簡潔かつ容易で，プログラムの生産性が高い．
・インタプリタ方式で実装され，実行が容易．
・言語機能を拡張するライブラリの豊富なものが多い．

スクリプト言語は一般にプログラム記述が容易なものが多く，1 行の記述だけでプログラムを構成できる場合も多い．記述が容易であるばかりでなく，言語によっては大規模なプログラムシステムを記述することも可能であり，オブジェクト指向を積極的に取り入れた言語もある．スクリプト言語ではプログラム記述や実行を容易にするため，インタプリタ方式により実装されている場合が多い．さらに，さまざまな用途に応じて言語機能を拡張できるライブラリ群が用意されている場合も多い．

スクリプト言語には，目的や用途に応じてさまざまなものがある．例えば，Javascript 言語は主として Web システム，特にクライアント側システムの記述に用いるために開発されたスクリプト言語である．同じくスクリプト言語の PHP は，サーバ側での処理を目的として開発された言語である．これに対して Perl や Python，Ruby 等のスクリプト言語は，汎用的なプログラミング言語であり，さまざまな処理の記述に用いられている．

② **Perl** は，1980 年代に発表された汎用のスクリプト言語である．Perl 言語は文字処理の記述が容易であることから，Web システムのテキスト処理等に広く用いられる．また，プログラム記述が特に容易である点[54]から，簡単なテキスト処理の記述や，コンピュータシステムの管理に必要とされる小規模なプログラムツールの記述にもよく用いられる．

図 15.6 に Perl のプログラム例を示す．図の perlex.pl プログラムは，標準入力を読み込んで，その中に“おはよう”という文字列が含まれている場合には入力された文字列をそのまま出力する．また含まれていない場合には“…”という文字列を出力する．本書第 10 章で示したように，このような文字列操作のプログラムは C 言語でも記述可能である．しかし，Perl 言語によるプログラムは C 言語の場合と比較して簡潔かつ柔軟である．

③ **Python** は 1990 年代に発表された汎用のスクリプト言語である．Python はオブジェクト指向を基礎とした言語であり，基本的な言語仕様を拡張するための多様なモジュール（ライブラリ）が用意されている．モジュール

54) Perl では，同じ処理を記述するのにさまざまな記述手段が用意されている．この点は，プログラムの記述が容易であるという特徴になるとともに，プログラムが理解しづらくなるという欠点にもつながる．

```
# perlex.pl+プログラム

# 行の読み込みと文字列比較

while(<>){
 if(/おはよう/){
  print $_ ;
 } else {
  print " … ¥n" ;
 }
}
```

(1) perlex.pl プログラムのソースコード

おはよう
おはよう
"おはよう" を含む場合には入力文字列をそのまま返す.
おは
・・・
こんにちは
"おはよう" を含まない場合には "・・・" と出力する.
・・・
こんばんは
・・・
おはようございます
部分的な一致にも対応する.
おはようございます

(2) perlex.pl プログラムの実行例（下線部はキーボードからの入力）

図 15.6　Perl のプログラム例（perlex.pl プログラム）

にはさまざまな種類があり，例えばネットワークや Web，データベース，グラフィックス，数値計算や科学技術計算，画像処理や自然言語処理，機械学習などさまざまな分野に及んでいる．これらのモジュールを用いると，C 言語を用いて自分でアルゴリズムを実装する場合と比較して，信頼性の高いプログラムを素早く構築することが可能である．

図 15.7 の Pythonex.py プログラムでは，numpy という数学的な計算を扱うモジュールを用いて，ベクトルの計算を実行する例を示している．このように，numpy のようなモジュールを使うことで Python の基本機能が拡張される．さらに，numpy の機能を拡張するモジュールを用いれば，より高度な科学技術計算 [55] を容易に実行することが可能である．

[55] 例えば画像処理や信号処理，数式処理や描画といった処理を行うことが可能である．

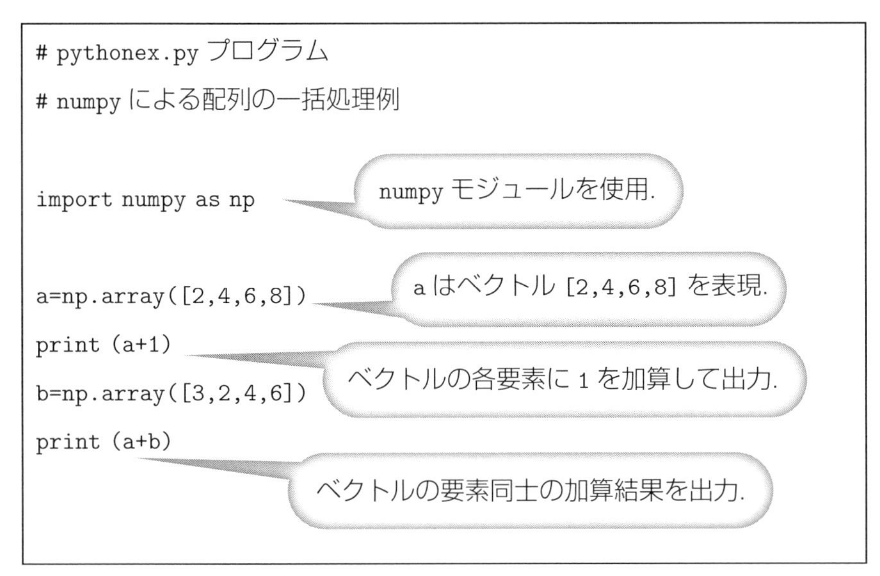

(1) pythonex.py プログラムのソースコード

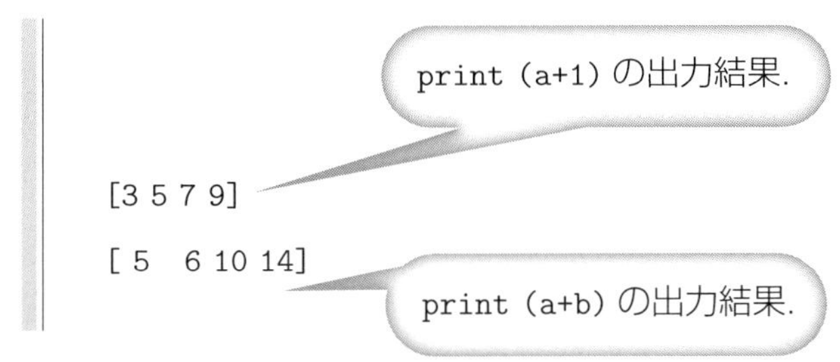

(2) pythonex.py プログラムの実行例

図 **15.7** Python 言語のプログラム例（pythonex.py プログラム）

演習問題 15

本章では C 言語以外のプログラミング言語をいくつか取り上げた．ここで紹介したプログラミング言語についてさらに調査するとともに，それ以外のプログラミング言語についても調べてみよ．

[15章のまとめ]

① オブジェクト指向は，システムの構成要素をオブジェクト（もの）であると考え，オブジェクトどうしが相互作用することでシステム全体が動作すると考える考え方である．
② C++ 言語は，オブジェクト指向の考え方に基づいて C 言語を拡張したプログラミング言語である．
③ Java 言語は，ネットワークプログラムを前提として開発されたオブジェクト指向言語である．
④ Perl は汎用のスクリプト言語である．文字処理の記述が容易であることや，プログラム記述が特に容易であることなどの特徴がある．
⑤ 汎用のスクリプト言語である Python は，オブジェクト指向を基礎とした言語であり，言語仕様を拡張するためのモジュールの種類が豊富である．

演習問題略解

1章　演習問題略解

演習問題 1

① 利用可能なコンパイラやエディタは千差万別であるが，例えば表 A.1.1 に示すようなものが一般的であろう．

表 A.1.1　プログラム開発に用いるコンパイラやエディタ（一例）

名称	種類	説明
vi	エディタ	スクリーンエディタ，コンパイラと連携動作可能
emacs	エディタ・開発ツール	高機能なエディタであり，コンパイラ等を呼び出して利用することもできる
notepad	エディタ	Windows 付属の単機能エディタ
gcc	コンパイラ	高機能 C コンパイラ
Visual Studio	統合開発環境	Microsoft 社の提供する統合開発環境

2章　演習問題略解

演習問題 2.1

① 次のように，文字列が 2 行出力される．

```
abc
defnghi
```

②

```
「空欄 A」       "Calclation¥n"
「空欄 B」     "%d  %d¥n"
```

③ 3 番目の printf() 関数の呼び出しにおいて，行末のセミコロン；が抜けている．このため，コンパイル時に該当箇所でエラーが検出さ

れる.

```
#include <stdio.h>
int main()
{
 printf("Hello,world!¥n") ;
 printf("Hello,world!") ;
 printf("Hello,world!¥n")  ;
}
```

演習問題 2.2

① scanf() 関数を 3 回呼び出して，三つの変数にそれぞれ値を代入する.

```
#include <stdio.h>

int main()
{
 int a,b,c ;

 scanf("%d",&a) ;
 scanf("%d",&b) ;
 scanf("%d",&c) ;
 printf("%d¥n",a+b+c) ;
}
```

図 **A.2.1** add3.c プログラムのソースコード

② scanf() 関数の第 2 引数につける&を忘れると，正しい結果を得ることができない点に注意せよ.
「空欄 A」 `&inputdata`
「空欄 B」 `inputdata*200`

③ 二つの変数 a と b を利用しているにもかかわらず，変数定義の段階では一つの変数（変数 a のみ）を定義している．このため，変数 b を使おうとするとエラーが発生する.

```
include <stdio.h>

int main()
{
 int a,b ;

 scanf("%d",&a) ;
 scanf("%d",&b) ;
 printf("%d¥n",a*b) ;
}
```

図 **A.2.2** mult.c プログラム（multbug.c プログラムの修正版）

3章　演習問題略解

演習問題 3.1

①

```
「出力結果 A」:
Case 1
End of program

「出力結果 B」:
Case 2
End of program
```

② ソースコードを図に示す.

```
/* ps.c プログラム */

#include <stdio.h>

int main()
{
 int data ;                    /*入力値を格納*/

 scanf("%d",&data) ;           /*整数値を読み込む*/
 if(data>0)                    /*もし読み込んだ値が正なら*/
  printf("%d¥n",data*data) ; /*2 乗の値を出力*/
 else                          /*そうでなければ*/
  printf("0¥n") ;             /*0 を出力*/
}
```

図 **A.3.1**　ps.c プログラム

③ if 文における条件判定の式の記述が間違っている.

```
誤  if(data=>0)
正  if(data>=0)
```

演習問題 3.2

① ソースコードを図 A.3.2 に示す.

```
/* print5to1.c プログラム */
/* 5 から 1 までの整数を出力します*/
#include <stdio.h>

int main()
{
 int i;                        /*繰り返し回数を数えるカウンタ*/

 for(i=5;i>=1;--i)             /*5 から 1 まで繰り返す*/
```

```
  printf("%d¥n",i) ;

}
```

図 **A.3.2** print5to1.c プログラムのソースコード

② 実行結果を図に示す.

```
1
2
3
4
5
6
```

プログラム最後の printf() 関数の呼び出しにより，繰り返しの条件が不成立となった後の変数 i の値（6 になる）が出力されることに注意せよ.

③ 以下のように出力され続ける.

```
 1
 0
-1
-2
-3
 …
```

図 **A.3.3** printbug.c プログラムの出力結果

プログラムでは，変数 i を 1 に初期化した後，i が 5 以下であれば printf() 関数を実行し，さらに i をデクリメントする．その後 printf() 関数の呼び出しとデクリメントを繰り返すため，i の値は終了条件の値である 5 からますます離れてしまい，繰り返しが止まらなくなる.

4章　演習問題略解

演習問題 4.1

① for 文を使って，while1.c プログラムと同じ処理を行うプログラム for1.c のソースコードを図 A.4.1 に示す．for1.c プログラムの実行結果は，図 4.5(2) に示した while1.c プログラムの実行結果と同一となる.

```
/* for1.c プログラム                      */
/* 関数 f(x)=x*x+x+1 について,             */
/* x が正の整数の場合について計算します */
```

```
/* f(x) が 100 を超えたら終了します        */
/* 結果は while1.c プログラムと同一です   */

#include <stdio.h>

int main()
{
 int x;

 for(x=1;x*x+x+1<100;++x){      /*100 以下の間繰り返す*/
  printf("f(%d)=%d¥n",x,x*x+x+1) ;
 }
}
```

図 **A.4.1**　for1.c のソースコード

② 図 A.4.2 に，for 文を用いて print23.c プログラムを実装した例を示す．for 文を用いずに，while 文を用いても実装可能である．

```
/* print23.c プログラム */
/*1 から 5 までの整数の 2 乗および 3 乗の値を出力します*/

#include <stdio.h>

int main()
{
 int i;                 /*繰り返し回数を数えるカウンタ*/

 printf("i  i*i  i*i*i¥n") ;
 for(i=1;i<=5;++i)
  printf("%d  %d    %d¥n",i,i*i,i*i*i) ;

}
```

図 **A.4.2**　print23.c プログラム（for 文を用いた場合）

③

問 1 sbug.c プログラムを実行すると，図 A.4.3 に示すように 99 行の出力を生成する．

```
1 までの和:1
1 までの和:2
1 までの和:3
1 までの和:4
1 までの和:5
1 までの和:6

  ...
1 までの和:97
1 までの和:98
```

```
1までの和:99
```

図 **A.4.3**　sbug.c プログラムの実行結果

問 2 プログラムを正しく動作させるためには，n の値を 1 ずつインクリメントしなければならない．そこで，while 文の繰り返しの本体部分に，次のように n のインクリメント式を追加する必要がある．

```
/* 1から順番に和を求める*/
 while(sum<100){              /*100以下の間繰り返す*/
  printf("%dまでの和:%d¥n",n,sum) ;
  ++n ;                       /*nの値を更新*/
  sum=sum+n ;                 /*sumの値にnを加える*/
 }
```

演習問題 4.2

① aster2.c プログラムの実行結果を図 A.4.4 に示す．

```
*****
****
***
**
*
```

図 **A.4.4**　aster2.c プログラムの実行結果

② aster3.c プログラムは，各行において，必要な個数の空白の出力と一つの星印∗の出力を行うプログラムである．図 A.4.5 に aster3.c プログラムのソースコードを示す．ソースコードにある二重の for 文のうち，外側の for 文は複数の行（この場合は 7 行）を出力するためのものであり，内側の for 文は各行における空白と星印∗の出力を担当している．

```
/* aster3.cプログラム                  */

#include <stdio.h>

int main()
{
 int i,j ;/*繰り返しを制御する変数*/

 for(i=1;i<=7;++i){
  for(j=1;j<i;++j){
   printf(" ") ;/*空白を出力*/
  }
  printf("*¥n") ;                  /*1行の終わりの改行*/
```

```
 }

}
```

図 **A.4.5** aster3.c プログラム

③ 図 4.15 に示した不完全版の aster4.c プログラムを実行すると，図 A.4.6 のような結果となってしまう．これは，for 文の構成に誤りがあるためである．修正した正しい aster4.c プログラムを図 A.4.7 に示す．

```
4
*
**
***
****
*
**
***
****
```

図 **A.4.6** 不完全版の aster4.c プログラム実行例

```
/* aster4.c プログラム                    */

#include <stdio.h>

int main()
{
 int n ;                          /*入力された整数を保持*/
 int i,j ;                        /*繰り返しを制御する変数*/

 scanf("%d",&n) ;                 /*整数 n の読み込み*/

 for(i=1;i<n;++i){
  for(j=1;j<=i;++j){
   printf("*") ;                  /*星印*を出力*/
  }
  printf("¥n") ;                  /*1 行の終わりの改行*/
 }
 for(;i>=1;--i){
  for(j=1;j<=i;++j){
   printf("*") ;                  /*星印*を出力*/
  }
  printf("¥n") ;                  /*1 行の終わりの改行*/
 }

}
```

図 **A.4.7** aster4.c プログラムのソースコード

5章　演習問題略解

演習問題 5.1

① 図 5.7 の dprint.c プログラムでは，二つの関数 f1() および f2() を呼び出して，2 乗と 3 乗の値を計算している．dprint.c プログラムの実行結果を図 A5.1 に示す．

```
f1(1)=1  f2(1)=1
f1(2)=4  f2(2)=8
f1(3)=9  f2(3)=27
f1(4)=16  f2(4)=64
f1(5)=25  f2(5)=125
f1(6)=36  f2(6)=216
f1(7)=49  f2(7)=343
f1(8)=64  f2(8)=512
f1(9)=81  f2(9)=729
f1(10)=100  f2(10)=1000
```

図 A5.1　dprint.c プログラムの実行結果

② printffunc2.c プログラムのソースコードと実行例を，それぞれ図 A5.2 および図 A5.3 に示す．

```
/* printfunc2.c プログラム */
/* 関数を使った計算の例題 */

#include <stdio.h>
/*関数のプロトタイプの宣言*/
int func1(int i) ;
int func2(int i) ;

/*main 関数*/
int main()
{
 int i;/*繰り返し回数を数えるカウンタ*/

 for(i=1;i<=10;++i)
  printf("f(%d)=%d¥n",i,func1(i)) ;

}

/* 関数 func1()  */
int func1(int i)
{
 return func2(i)*func2(i) ;
}

/* 関数 func2()  */
int func2(int i)
{
```

```
 return i*i*i*i ;
}
```

図 **A5.2**　printfunc2.c プログラムのソースコード

```
f(1)=1
f(2)=256
f(3)=6561
f(4)=65536
f(5)=390625
f(6)=1679616
f(7)=5764801
f(8)=16777216
f(9)=43046721
f(10)=100000000

func2() の値を 2 回掛け合わせることで，8 乗の値を求めている
```

図 **A5.3**　printfunc2.c プログラムの実行結果

③ main() 関数内で for 文の繰り返しの本体部分にある関数呼び出しにおいて，関数名が間違っている．

誤 `printf("f(%d)=%d¥n",i,func(i)) ;`

正 `printf("f(%d)=%d¥n",i,f(i)) ;`

演習問題 5.2

① printa2.c プログラムの実行結果を図 A5.4 に示す．

```
*
**
***
****
*****
*
**
***
****
*****
*
**
***
****
*****
*
**
***
****
*****
```

図 **A5.4**　printa2.c プログラムの実行結果

② printbar.c プログラムのソースコードを図 A5.5 に示す.

```
/* printbar.c プログラム     */
/* 棒グラフの描画            */

#include <stdio.h>
/*関数のプロトタイプの宣言*/
void printline(int i) ;

/*main 関数*/
int main()
{
 int i;                  /*繰り返し回数を数えるカウンタ*/
 int val ;               /*入力値を保存する変数*/

 for(i=1;i<=5;++i){/*5回繰り返す*/
  scanf("%d",&val) ;
  printf("%d:",val) ;
  printline(val) ;
 }

}

/* 関数 printline()   */
void printline(int upperlimit)
{
 int i ;

 for(i=0;i<upperlimit;++i)
  printf("*") ;
 printf("¥n") ;

}
```

図 **A5.5** printbar.c プログラムのソースコード

③ printa3bug.c プログラムでは，出力すべき数字を格納した変数 num が関数 printum() に渡されていない．このため，pintnum() 関数内では変数 num を使うことができず，エラーとなる．プログラムを修正するためには，変数 num を引数として関数 printnum() に与える必要がある．修正した結果の printa3.c プログラムを図 A5.6 に示す.

```
/* printa3.c プログラム     */

#include <stdio.h>
/*関数のプロトタイプの宣言*/
void printnum(int i,int num) ;

/*main 関数*/
int main()
{
 int i;                          /*繰り返し回数を数えるカウンタ*/
```

```
 int num ;                    /*出力する数字を格納*/

 scanf("%d",&num);            /*出力する数字の指定*/

 for(i=1;i<=5;++i)
  printnum(i,num) ;

}

/* 関数 printnum()  */
void printnum(int upperlimit,int num)
{
 int i ;

 for(i=0;i<upperlimit;++i)
  printf("%d",num) ;
 printf("¥n") ;

}
```

図 **A5.6** printa3.c プログラムのソースコード

6 章 演習問題略解

演習問題 6.1

① putnum.c プログラムの実行結果を図 A6.1 に示す．型変換が適宜実施されていることに注意せよ．

```
i=1
j=0
x=0.000000
y=0.500000
```

図 **A6.1** putnum.c プログラムの実行結果

② calcn.c プログラムのソースコードを図 A6.2 に示す．

```
/* calcn.c プログラム */

#include <stdio.h>

int main()
{
 int x ;                      /*入力値を格納*/

 scanf("%d",&x) ;             /*数値を読み込む*/
 /*2 乗，3 乗の出力 (出力は int 型) */
 printf("x*x=%d¥n",x*x) ;
 printf("x*x*x=%d¥n",x*x*x) ;
```

```
 /*2 乗, 3 乗の逆数の出力 (出力は double 型) */
 printf("1/(x*x)=%lf¥n",1.0/(x*x)) ;
 printf("1/(x*x*x)=%lf¥n",1.0/(x*x*x)) ;
}
```

図 **A6.2** calcn.c プログラムのソースコード

③ printf() に与える引数のうち，double 型の変数 x,y に対する変換仕様に誤りがある．図 A6.3 のように修正すると正しい出力結果が得られる．

```
printf("i=%d j=%d¥nx=%d  y=%d¥n",i,j,x,y) ;
              ↓
printf("i=%d j=%d¥nx=%lf  y=%lf¥n",i,j,x,y) ;
```

(1) 修正部分（変数 x,y に対する変換仕様を%lf とする）

```
i=1 j=5
x=2.500000  y=6.250000
```

(2) 実行結果

図 **A6.3** putnum2bug.c プログラムの修正方法

演習問題 6.2

① arrayex1.c プログラムの実行結果を図 A6.4 に示す．図のように，2 つの配列の対応する要素同士の積が出力される．

```
6 7 4 8 10 72 2 48
```

図 **A6.4** arrayex1.c プログラムの実行結果

② 「空欄 A」について考える．配列 ary[][] は 3×3 の要素からなる 2 次元配列である．したがって「空欄 A」は 3 となる．

```
「空欄 A」  →  3
```

「空欄 B」〜「空欄 D」は，配列の初期値の設定に対応する．実行結果から考えて，配列の初期化は次のようになされる．

```
int ary[3][3]={{3,1,4},{1,5,9},{2,6,5}} ;
```

したがって「空欄 B」〜「空欄 D」は次のようになる．

```
「空欄 B」  →  {3,1,4}
「空欄 C」  →  {1,5,9}
「空欄 D」  →  {2,6,5}
```

7章 演習問題略解

演習問題 7.1

① input3.c プログラムの実行例を図 A7.1 に示す.

```
abcd123
aabbccdd112233
```

図 **A7.1** input3.c プログラムの実行例（下線部はキーボードからの入力）

② プログラムを実行するコンピュータハードウェアやオペレーティングシステム，コンパイラ，あるいはそれらの設定の違い等によって結果は異なる.

③ input.c プログラムでは，scanf() 関数によって int 型の整数を読み込んで処理を施す．scanf() 関数は int 型の整数が入力されるのを待ち受けているため，それ以外の形式のデータが入力された際の挙動は保証されない．例えばある処理系では，整数以外のデータを入力すると出力が止まらなくなる.

演習問題 7.2

① sqrtpow.c プログラムの出力を図 A7.2 に示す.

```
x sqrt(x) pow(2,x)
0 0.000000 1.000000
1 1.000000 2.000000
2 1.414214 4.000000
3 1.732051 8.000000
4 2.000000 16.000000
5 2.236068 32.000000
6 2.449490 64.000000
7 2.645751 128.000000
8 2.828427 256.000000
9 3.000000 512.000000
10 3.162278 1024.000000
```

図 **A7.2** sqrtpow.c プログラムの出力

② singraph.c プログラムのソースコードを図 A7.3 に示す.

```
/* singraph.c プログラム      */
/* 三角関数 (sin) のグラフ描画*/
#include <stdio.h>
#include <math.h>

#define WIDTH 20              /*1 行の文字数*/
```

```
/*関数のプロトタイプの宣言*/
void putstar(double x) ;

/*main() 関数*/
int main()
{
 int i;                        /*繰り返し回数を数えるカウンタ*/

 for(i=0;i<=360;i=i+20){    /*0 度から 360 度*/
  putstar(sin(2.0*M_PI*i/360.0)) ;
 }
}

/*putstar() 関数*/
void putstar(double x)
{
 int i ;

 for(i=0;i<((x+1.0)*WIDTH/2);++i)
  printf(" ") ;
 printf("*¥n") ;
}
```

図 **A7.3**　singraph.c プログラムのソースコード

8章　演習問題略解

演習問題 8.1

① ソースコードを複数のファイルに分割すれば，ソースコードの編集を複数人で同時に独立して行うことができる．逆に，ソースコードを一つのファイルにまとめてしまうと，複数人で同時に編集することはできない．また，分割したソースファイルを別々にコンパイルすることができると，別々の人が独立してコンパイルと編集を並列的に行うことができる．以上より，分割コンパイルの仕組みは，複数人のチームで一つのプログラムを開発する際に役立つ．

② 分割コンパイルの仕組みを用いると，ソースコードの部分的な修正に柔軟に対応できる．つまり，分割コンパイルを用いると，大規模なソースコードの一部分を修正した場合にもソースコード全体をコンパイルする必要はなく，修正部分を含むファイルのみコンパイルしなおして全体をリンクするだけでよい．

③ 次のようにコンパイルすればよい

```
C:¥Users¥odaka>gcc printaline.c printamain.c -o printa
```

演習問題 8.2

① prob.c および proc.c ファイルに含まれる外部変数の宣言を削除すると，変数が宣言されていないというコンパイルエラーが生じる．

② 外部変数は便利だが，逆に，変数に対する不必要な変更を誤って行う可能性が高まるため，プログラムのエラーを増やす危険性も強くなる．一般に，関数同士はなるべく外部変数を共有せずに関数の独立性を高める方が，プログラムエラーが少なくなる．また，関数を他のプログラムで再利用する場合には，外部変数を含んだ関数は再利用の際に何らかの修正が必ず必要になる．この場合にも，外部変数を使わずに関数の独立性を高める方が有利である．

9章　演習問題略解

演習問題 9.1

① 図 A9.1 に ary.c プログラムの実行結果を示す．図のように，それぞれの行を出力する printf() 関数の呼び出し方は全く同じなのにも関わらず，ポインタ変数 ptr の指し示す配列が異なるため，異なる値が出力される．

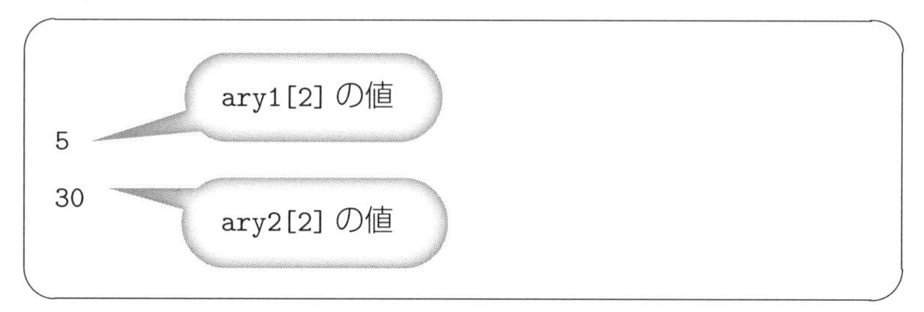

図 A9.1　ary.c プログラムの実行結果

② ソースコードの下から 3 行目にある次の代入文に誤りがある．

```
ptr=20 ;
```

ptr はアドレス情報を格納するポインタ変数なので，この代入ではアドレス情報を格納すべきポインタ変数に整数を代入してしまう．この代入は意味を成さないので，この代入後に ptr をポインタとして利用するとエラーを生じる．

期待したようにプログラムを動作させるためには，* 演算子を用いて次のように記述する．

```
*ptr=20 ;
```

演習問題 9.2

① ary3.c プログラムの実行結果を図 A9.2 に示す.

```
array[0]=4
array[1]=16
array[2]=36
array[3]=64
array[4]=100
```

図 A9.2 ary3.c プログラムの実行結果

② 参照による呼び出しを行うと, 呼び出した側の関数で定義された変数が, 呼び出された側の関数の処理によって変更される可能性がある. このため, 双方の関数の処理が密接に結びつき, 問題を分割してプログラミングを容易にするという関数利用のメリットが失われる. また, 関数をほかのプログラムで再利用する際にも, 他の関数との関係を調べなければならないため再利用の妨げとなる. さらに, 作成者以外の人がプログラムを理解するためには, 呼び出し側と呼び出された側の両方の関数の処理を理解しなければならず, プログラムの理解しやすさの妨げとなる可能性もある.

値による呼び出しでは関数の独立性が高まりこれらの問題は軽減されるが, 値をコピーするための処理工程が増加するというデメリットがある. 特に, 大量の引数を扱う際には問題となる可能性が大きい.

10 章　演習問題略解

演習問題 A10.1

① counta.c プログラムの処理の流れは次の通りである.

> (1) 入力のための変数 (ichr) と数え上げに必要な変数 (count) の定義.
> (2) 以下を入力終了まで繰り返す.
> 　(2-1) 1 文字読み込む.
> 　(2-2) 入力された文字が'a' ならば, 変数 count をインクリメント.
> (3) 結果を出力する.

上記の処理を counta.c プログラムとして表現した例を図 A10.1 に示す.

```
/* counta.c プログラム                    */
/* 文字'a' の数え上げ*/

#include <stdio.h>

/*main 関数*/
```

```
int main()
{
 int ichr ;                /*入力値*/
 int count=0 ;             /*文字'a'の個数*/

 /*入力の繰り返し*/
 while((ichr=getchar())!=EOF){
  /*文字'a'ならばcountを増やす*/
  if(ichr=='a') ++count ;
 }
 /*結果出力*/
 printf("文字'a'の個数：%d¥n",count) ;
}
```

図 **A10.1**　counta.c プログラムのソースコード

② concat.c プログラムの行う処理は，入力された文字列の中から改行記号'¥n' を削除することである．このためには，入力を読み込み，改行記号以外の文字を配列に格納してゆけばよい．この方法で作成した concat.c プログラムのソースコードを図 A10.2 に示す．

```
/* concat.c プログラム */
/* 複数行を結合する   */

#include <stdio.h>
#define LENGTH 256                /*文字列の最大長*/

/*main関数*/
int main()
{
 int ichr ;                       /*入力値*/
 char string[LENGTH] ;            /*出力文字列*/
 int pos=0 ;                      /*文字の追加場所*/

 /*入力の繰り返し*/
 while((ichr=getchar())!=EOF){
  /*改行記号'¥n'以外を記録*/
  if(ichr!='¥n'){
   string[pos]= ichr ;
   ++pos ;
  if(pos>LENGTH) break ;          /*最大長に達した*/
  }
 }
 /*最後尾に文字列の終わりの記号'¥0'を追加*/
 string[pos]='¥0' ;
 /*結果の出力*/
 printf("%s¥n",string) ;
```

図 **A10.2**　concat.c プログラムのソースコード

演習問題 10.2

① adde.c プログラムの実装例を図 A10.3 に示す．adde.c プログラムでは，文字列操作関数の一種である strncat() を用いて文字列を結合している．strncat() 関数は，第 1 引数で指定する文字列の後ろに第 2 引数の文字列を第 3 引数で指定する文字数だけ結合する．

```
/* adde.c プログラム     */
/* 文字列結合の実装例*/

#include <stdio.h>
#include <string.h>                 /*文字列操作に必要*/

#define STRING "!!!"                /*追加文字列*/
#define LENGTH 256                  /*文字列の最大長*/

/*main 関数*/
int main()
{
 char str[LENGTH] ;                 /*char 型の配列*/

 /*str[] 配列に文字列を代入*/
 printf("文字列を入力してください¥n") ;
 scanf("%s",str) ;

 /*文字列の結合*/
 strncat(str,STRING,strlen(STRING)) ;

 /*結果の出力*/
 printf("%s¥n",str) ;

}
```

図 **A10.3**　adde.c プログラムのソースコード

② 文字列の長さを調べるためには，文字列を格納した配列の先頭要素から順に 1 文字ずつ文字を調べ，文字列の終わりの記号が出現するまでの文字数を数えればよい．この考え方で実装した mystrlen() 関数を図 A10.4 に示す．

```
/*mystrlen() 関数*/
/*strlen() 関数のオリジナル実装*/
int mystrlen(char *str)
{
 int length=0 ;              /*文字列の長さ*/

 while(str[length]!='¥0')
  ++length ;

 return length ;
}
```

図 **A10.4**　mylength() 関数

11章　演習問題略解

演習問題 11.1

① namelist3.c プログラムの構成例を図 A11.1 に示す.

```
/* namelist3.c プログラム */
/* 構造体の利用例 (3) */
/* 名簿情報の拡張 */

#include <stdio.h>

#define LENGTH 256          /*文字列の最大長*/
#define N 256               /*名簿の大きさ */

/*構造体の宣言*/
struct member2{
 char name[LENGTH] ;        /*名前*/
 int age ;                  /*年齢*/
 int telno ;                /*内線電話番号*/
};

/*main 関数*/
int main()
{
 struct member2 ml[N] ;       /*N 人分の構造体を定義*/
 int n=0 ;                    /*名簿に掲載されている人数*/
 int i ;                      /*繰り返しの制御に利用*/

/*名前と年齢を入力*/
printf("名前を入力：¥n") ;
while(scanf("%s",ml[n].name)!=EOF){
 printf("年齢を入力：¥n") ;
 scanf("%d",&(ml[n].age)) ;
 printf("内線電話番号を入力：¥n") ;
 scanf("%d",&(ml[n].telno)) ;
 ++n ;
 printf("名前を入力：¥n") ;
}
printf("¥n 入力終了 (%d 人)¥n",n) ;

/*入力された情報を表示*/
for(i=0;i<n;++i){
 printf("No.%d¥n",i+1) ;
 printf(" 名前；%s¥n",ml[i].name) ;
 printf(" 年齢；%d¥n",ml[i].age) ;
 printf(" 電話；%d¥n¥n",ml[i].telno) ;
 }
}
```

図 **A11.1**　namelist3.c プログラムのソースコード

② telnosearch() 関数を利用して内線番号から名前や年齢を表示するプログラム namelist4.c の構成例を図 A11.2 に示す.

```
/* namelist4.c プログラム */
/* 構造体の利用例 (4) */
/* 名簿情報の検索 */

#include <stdio.h>

#define LENGTH 256              /*文字列の最大長*/
#define N 256                   /*名簿の大きさ */
#define NOTFOUND -1             /*検索失敗の際の戻り値 */

/*構造体の宣言*/
struct member2{
 char name[LENGTH] ;         /*名前*/
 int age ;                   /*年齢*/
 int telno ;                 /*内線電話番号*/
};

/*関数のプロトタイプの宣言*/
int telnosearch(int telno,int n
    ,struct member2 ml[]) ;      /*内線番号による検索*/

/*main 関数*/
int main()
{
 struct member2 ml[N] ;          /*N 人分の構造体を定義*/
 int n=0 ;                       /*名簿に掲載されている人数*/
 int i ;                         /*繰り返しの制御に利用*/
 int telno ;                     /*検索用内線番号*/

/*名前と年齢を入力*/
printf("名前を入力：¥n") ;
while(scanf("%s",ml[n].name)!=EOF){
 printf("年齢を入力：¥n") ;
 scanf("%d",&(ml[n].age)) ;
 printf("内線電話番号を入力：¥n") ;
 scanf("%d",&(ml[n].telno)) ;
 ++n ;
 printf("名前を入力：¥n") ;
}
printf("¥n 入力終了 (%d 人)¥n",n) ;

/*内線番号による検索*/
printf("¥n 内線番号による検索 ¥n") ;
printf("内線番号を入力:") ;
while(scanf("%d",&telno)!=EOF){
 if((i=telnosearch(telno,n,ml))!=NOTFOUND){
  /*該当する情報を表示*/
   printf("No.%d¥n",i+1) ;
   printf(" 名前；%s¥n",ml[i].name) ;
   printf(" 年齢；%d¥n",ml[i].age) ;
   printf(" 電話；%d¥n¥n",ml[i].telno) ;
```

```
 }
  else printf("内線番号が見つかりません ¥n") ;
  printf("内線番号を入力:") ;
 }

 /*内線番号による検索*/
}

/* telnosearch() 関数 */
/*内線番号による検索*/
int telnosearch(int telno,int n,struct member2 ml[])
{
 int i=0 ;                    /*繰り返しの制御に利用*/

 while((i<n) && (ml[i].telno!=telno))
  ++i ;

 if(i<n) return i ;
 return NOTFOUND ;            /*内線番号が見つからない*/
}
```

図 **A11.2** namelist4.c プログラムのソースコード

演習問題 11.2

particle2.c プログラムの構成例を図 A11.3 に示す.

```
/* particle2.c プログラム */
/* 構造体の応用的な利用例 (2) */

#include <stdio.h>

#define LIMIT 100                /*繰り返しの上限*/
#define N 3                      /*粒子の個数*/

/*構造体の宣言*/
/*平面座標*/
struct point{
 double x ;                      /*x 座標*/
 double y ;                      /*y 座標*/
};

/*粒子*/
struct particle{
 struct point p ;                /*粒子の存在する位置*/
 struct point v ;                /*粒子の運動速度 */
};

/*main 関数*/
int main()
{
 /*粒子群を定義*/
 struct particle ps[N] ={
```

```
        0,0,0.1,0.1,
        1,1,0.1,0.2,
       -1,-1,-0.2,-0.2
};
int t ;                         /*時刻 t*/
int i ;                         /*繰り返しの制御*/

/*時刻と位置を出力*/
for(t=0;t<LIMIT;++t){
 printf("%d:",t) ;               /*時刻を出力*/
 for(i=0;i<N;++i){
  ps[i].p.x+=ps[i].v.x ;
  ps[i].p.y+=ps[i].v.y ;
  /*粒子の位置を出力*/
  printf(" %lf %lf",ps[i].p.x,ps[i].p.y) ;
  }
  printf("¥n") ;
 }
}
```

図 **A11.3** particle2.c プログラムのソースコード

12章 演習問題略解

演習問題 12.1

① mes100.c プログラムのプログラム例を図 A12.1 に示す.

```
/* mes100.c プログラム */

#include <stdio.h>
int main()
 {

int i ;             /*繰り返しの制御*/

for(i=0;i<100;++i)
 printf("%d:C 言語プログラミング ¥n",i) ;
}
```

図 **A12.1** mes100.c プログラムのプログラム例

また，mes100.c プログラムの実行結果を text.txt という名称のファイルに格納する操作の例を図 A12.2 に示す．図では，リダイレクトによりテキストファイル text.txt を作成している．

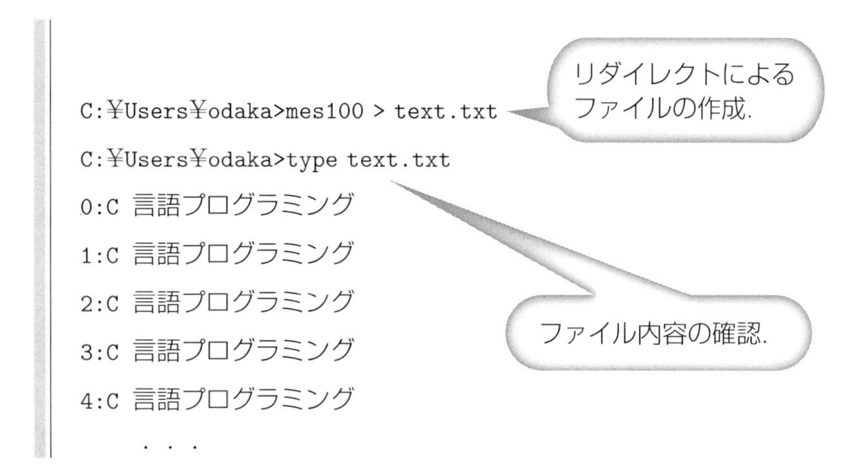

図 **A12.2** ファイル作成の例

演習問題 12.2

① flentgh.c プログラムの構成例を図 A12.3 に示す.

```
/* flength.c プログラム        */
/* ファイル読み出しの例題 (2) */
/* fgets() 関数を利用する      */
#include <stdio.h>
#include <stdlib.h>
#include <string.h>

#define BUFSIZE 256            /*文字配列の大きさを指定*/

/*main() 関数*/
int main()
{
 FILE *fp ;                     /*ファイルポインタ*/
 char filename[BUFSIZE] ;       /*ファイル名を格納*/
 char line[BUFSIZE] ;           /*入力文字列を格納*/
 int l ;                        /*文字列の長さ*/

 /*ファイル名の取得*/
 printf("入力ファイル名を入力してください¥n") ;
 scanf("%s",filename) ;

 /*ファイルのオープン*/
 if((fp=fopen(filename,"r"))==NULL){
 /*ファイルオープン失敗*/
 fprintf(stderr,"ファイルオープン失敗¥n") ;
 exit(1);
 }

 /*ファイルからのデータ読み出しと計算*/
```

```
 while(fgets(line,BUFSIZE,fp)!=NULL){
  l=strlen(line)-1 ;             /*改行を除いた文字列の長さ*/
  printf("%s",line) ;
  printf(" 長さ：%d 文字 ¥n",l) ;
 }

 /*ファイルクローズ*/
 fclose(fp) ;

}
```

図 **A12.3** flength.c プログラムのソースコード

② flentgh2.c プログラムの構成例を図 A12.4 に示す.

```
/* flength2.c プログラム */
/* ファイル読み出しの例題 (3) */
/* コマンドライン引数の利用 */
#include <stdio.h>
#include <stdlib.h>
#include <string.h>

#define BUFSIZE 256              /*文字配列の大きさを指定*/

/*main() 関数*/
int main(int argc,char *argv[])
{
 FILE *fp ;/*ファイルポインタ*/
 char line[BUFSIZE] ;            /*入力文字列を格納*/
 int l ;/*文字列の長さ*/

 /*ファイル名の確認*/
 if(argc<2){
  /*コマンドライン引数がない*/
  fprintf(stderr,"使い方 : flength2 (入力ファイル名)¥n") ;
  exit(1);
 }

 /*ファイルのオープン*/
 if((fp=fopen(argv[1],"r"))==NULL){
  /*ファイルオープン失敗*/
  fprintf(stderr,"ファイルオープン失敗 ¥n") ;
  fprintf(stderr,"ファイル%s がありません ¥n",argv[1]) ;
  exit(1);
 }

 /*ファイルからのデータ読み出しと計算*/
 while(fgets(line,BUFSIZE,fp)!=NULL){
  l=strlen(line)-1 ;             /*改行を除いた文字列の長さ*/
  printf("%s",line) ;
  printf(" 長さ：%d 文字 ¥n",l) ;
 }
```

```
 /*ファイルクローズ*/
 fclose(fp) ;

}
```

図 **A12.4** flength.c プログラムのソースコード

13 章　演習問題略解

演習問題 13

proc2.c プログラムでは，データの入出力機能と，データに対する簡単な処理機能を実装している．proc2.c プログラムでは一般的で基礎的な処理機能を実装したが，具体的な応用分野を絞れば，より実用的なデータ処理機能を実現できるだろう．そこで，それぞれの専門分野で必要とされる機能を考察し，その機能をプログラムとして実装する方法を検討せよ．

14 章　演習問題略解

演習問題 14

proc.c プログラムではデータ処理とファイル処理，グラフ描画などの機能を追加した．同様の機能追加を前章の演習問題 13 で作成したプログラムに対して試みよ．さらに，proc.c プログラムを拡張して，次のような機能を実現してみよ．

・データが存在しない場合の計算エラーへの対処
・任意のファイル名のファイル処理
・入力されたデータの編集処理
・よりグラフィカルなグラフ描画

15 章　演習問題略解

演習問題 15

本書で述べたプログラミング言語以外にも，現在広く用いられているプログラミング言語は多数存在する．例えば，

Fortran, Cobol, Lisp,
Javascript, PHP,
Ruby,

VIsualBasic.NET, C#

等は，特に広く用いられているプログラミング言語である．

索　引

著者略歴

小 高 知 宏（おだか　ともひろ）

1990 年　早稲田大学大学院 理工学研究科博士後期課程電気工学専攻修了（工学博士）
同　年　九州大学医学部助手（医療情報部）
1993 年　福井大学工学部助教授
2004 年　福井大学大学院工学研究科教授（現在に至る）

主な著書

『基本情報技術者に向けての 情報処理の基礎と演習 ハードウェア編，ソフトウェア編』，『人工知能システムの構成（共著）』，『コンピュータ科学とプログラミング入門』（以上，近代科学社）
『TCP/IP で学ぶネットワークシステム』，『計算機システム』，『これならできる！ C プログラミング入門』（以上，森北出版）
『AI による大規模データ処理入門』，『C による数値計算とシミュレーション』，『C によるソフトウェア開発の基礎』，『はじめての AI プログラミング』，『基礎からわかる TCP/IP Java ネットワークプログラミング』（以上，オーム社）

C 言語で学ぶ
コンピュータ科学とプログラミング

2017 年 3 月 31 日　初 版 発 行

著　者　小　高　知　宏
発行者　小　山　　透

発行所　株式会社 近代科学社

〒162–0843　東京都新宿区市谷田町 2–7–15
電話 03–3260–6161　振替 00160–5–7625
http://www.kindaikagaku.co.jp

藤原印刷　**ISBN978-4-7649-0534-4**

定価はカバーに表示してあります．